「介護福祉士法改正と完全予想模試 '24年版」収録の予想問題が第36回本試験でズバリ的中！しました。

コンデックス情報研究所では、長年の過去問題の分析結果に基づき予想問題を作成しています。その結果、第36回本試験（2024年1月実施）においては、以下のように予想問題と同じ問題が本試験で多数出題されました。本書はその経験と研究の成果を活かして編集された書籍です。

本試験問題　問題13〈障害者差別解消法〉
1　法の対象者は，身体障害者手帳を交付された者に限定されている。(正解は×)

完全予想模試①　問題12〈障害者差別解消法〉
5　対象となる障害者は，障害者手帳を所有している者に限られる。(正解は×)

本試験問題　問題70〈社会奉仕の精神をもって，住民の立場に立って相談に応じ，必要な援助を行い，社会福祉の増進に努める者〉
1　民生委員(正解は○)

完全予想模試①　問題73〈保健・医療・〓〓〓
5　民生委員は，常に住〓〓〓〓〓〓〓〓〓〓助を行うフォーマルな
社会資源の1つであ〓〓〓

本試験問題　問題103〈デ〓〓
4　亡くなった利用者の事〓〓〓〓〓〓〓〓〓護に活用する。(正解は○)

完全予想模試②　問題101〈デスカンファレンス〉
4　介護福祉職自身の振り返りに活かすことができる。(正解は○)

的中問題続出!!

本試験	問題14- 2	完全予想模試②	問題9 - 2
本試験	問題14- 3	完全予想模試②	問題9 - 1
本試験	問題21- 5	完全予想模試①	問題90- 3
本試験	問題85- 2	完全予想模試②	問題82- 2
本試験	問題86- 1	完全予想模試②	問題85- 5
本試験	問題107- 4	完全予想模試②	問題112- 4
本試験	問題107- 1	完全予想模試②	問題112- 5

ズバリ的中！

他　多数!!　　『介護福祉士法改正と完全予想模試 '25年版』は2024年7月頃発売予定

JN028686

本書の効果的な使い方

本書は、介護福祉士試験によく出る内容を要点と一問一答形式の問題として、覚えやすくまとめたものです。

STEP1　要点編でよく出るポイントを確実に押さえる

絶対に外せない重要テーマを厳選しました。

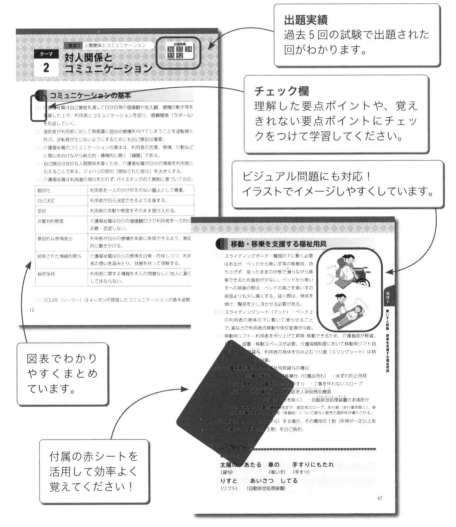

出題実績
過去5回の試験で出題された回がわかります。

チェック欄
理解した要点ポイントや、覚えきれない要点ポイントにチェックをつけて学習してください。

ビジュアル問題にも対応！
イラストでイメージしやすくしています。

図表でわかりやすくまとめています。

付属の赤シートを活用して効率よく覚えてください！

ここに掲載しているページは見本で、本文とは一致しません。

問題編で試験問題を攻略

過去の試験問題をベースに、よく出るテーマの問題を○×で答えられる一問一答形式の問題にしています。
繰り返し解いて、確実に答えられるようにしましょう！

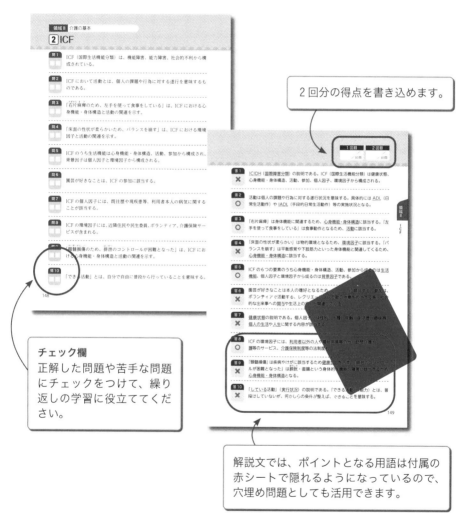

2回分の得点を書き込めます。

チェック欄
正解した問題や苦手な問題にチェックをつけて、繰り返しの学習に役立ててください。

解説文では、ポイントとなる用語は付属の赤シートで隠れるようになっているので、穴埋め問題としても活用できます。

＊本書は、2025年1月に実施予定の第37回介護福祉士筆記試験を対象とした書籍です。
本書の内容は、原則として2024年4月1日現在の情報に基づいて編集しています。ただし、編集時点で入手できた法令改正情報等はできるだけ反映しています。

CONTENTS

第37回試験 出題傾向の分析と 学習のポイント!!

人間の尊厳と自立

★１問は事例問題が出題されている。

★「人権」「尊厳」「ノーマライゼーション」「福祉に貢献した人物」「尊厳に関する法律」の理解に加え、「介護の基本」の頻出範囲も参考にする。

人間関係とコミュニケーション

★第35回試験から出題数が２問から４問となり、事例問題も増えている。

★「利用者への対応・姿勢」「質問の種類」は頻出のため、確実に押さえる。

★出題内容は同じ科目群の「コミュニケーション技術」と重なるため、この２科目は必ず連動させて学習。

社会の理解

★他の科目に比べ、出題範囲が広く、難易度が高い科目。

★社会保障制度については基礎的な事項を広く正確に覚える。その中でも「介護保険制度」と「障害者総合支援法」は必ず押さえる。

★法改正や統計、介護・福祉の動向に関する問題も出題されやすいため、社会情勢に関心を持つことも重要。

介護の基本

★介護福祉士を目指す者として「介護福祉士の定義と義務規定」は必ず押さえる。

★「ICF（国際生活機能分類）」「自立支援」「リハビリテーション」などの知識に加え、利用者をとりまく状況に応じた介護福祉職の対応も問われる。

★「生活支援技術」や「障害の理解」など他の科目でも役立つ。

コミュニケーション技術

★コミュニケーション時の基本的な態度に加え、明確化、要約、言い換え、繰り返しなどのコミュニケーション技法についても整理しておく。

★疾病や障害に応じたコミュニケーション方法を理解する。

★多職種連携・協働が重視されているため、カンファレンスや報告、記録の方法・留意点を押さえておく。

生活支援技術

★問題数が最も多く、その正答率が合否に大きく影響する可能性がある。

★「移動」「食事」「入浴・清潔」「排泄」「衣服の着脱」「口腔ケア」「環境整備」「睡眠」「福祉用具」「人生の最終段階（終末期）における支援」など、生活支援技術から幅広く出題される。特に片麻痺のある利用者に対する「健側から」「患側から」という支援の順番は問われやすい。

★利用者の疾病・障害などの状況に応じた介護福祉職の対応が問われる。

介護過程

★「介護過程の意義・目的」「アセスメント」「介護計画の作成」「評価」を理解する。

★「主観的情報と客観的情報」「長期目標と短期目標」の違いを確認する。

こころとからだのしくみ

★こころのしくみは「欲求」「適応機制」「記憶」を確実に理解する。

★からだのしくみは、日常生活に関わる人体構造・機能や働き、疾患との関係に関する出題が多く、概略ではなく細部にわたる出題が目立つ。

★「睡眠のしくみ」「人生の最終段階のケア」はコンスタントに出題されている。

発達と老化の理解

★「人間の成長と発達（発達理論）」、「小児の成長・発達の原則・法則」、「加齢に伴う心身の変化」、「高齢者に多い疾患」の４点を押さえる。心筋梗塞（しんきんこうそく）や腰部脊柱管狭窄症（きょうさく）など疾患の特徴を理解する。

★出題頻度の高い疾患は「変形性膝関節症」「糖尿病」「パーキンソン病」など。

★「エイジズム」「健康寿命」などの言葉の意味を理解しておく。

認知症の理解

★認知症の中核症状と行動・心理症状（BPSD）の種類と特徴をまず理解する。

★次に認知症原因疾患（アルツハイマー型認知症、血管性認知症、前頭側頭型認知症、レビー小体型認知症）の特徴を理解する。

★以上の２点に重点を置いて学習した後、「認知症ケア」や「認知症対策」についても学習する、という流れでいくと効率的。

障害の理解

★学習範囲が広いので、「障害関連の用語の意味や理念」、「ICF」を理解した上で、障害の種類ごとの特徴を一つひとつ整理する。

★「関節リウマチ」「脊髄損傷（せきずいそんしょう）による麻痺」「ALS」は出題頻度が高い。

★精神障害・知的障害・発達障害を理解する。

★単に障害や疾患の症状だけでなく、その症状が日常生活にどのような支障をきたすかや、利用できる制度という部分まで問われることが多い。

医療的ケア

★医療的ケアは医行為であることから、その根拠（こんきょ）法や医師の指示書の確認、介護職が実施できる範囲など基本的ポイントを確実に理解する。

★安全・適切に実施するため、「喀痰吸引（かくたんきゅういん）」と「経管栄養」の具体的な実施手順と、「トラブル時の対応」について根拠をもって押さえておく。

★「呼吸器系のしくみ」や「消化器系のしくみ」の基本的な知識も問われる傾向にあるため、基礎的メカニズムは復習しておこう。

介護福祉士 試験ガイダンス

　　試験に関する情報は、原則として2024年4月1日現在のものです。変更される場合がありますので、受験される方は、**必ずご自身で試験実施団体の発表する最新情報を確認してください。**

◆受験申込から筆記試験までの日程

(1)　受験申込手続詳細発表：2024年7月上旬

(2)　受験申込書受付期間：2024年8月上旬〜 9月上旬

(3)　筆記試験：2025年1月下旬

◆筆記試験内容

(1)　出題形式：五肢択一を基本とする多肢選択形式

(2)　出題数：125問

(3)　総試験時間：220分

(4)　合格基準：以下の条件を両方満たした場合

　　ア　総得点の60％程度を基準として、問題の難易度で補正した点数以上の得点の者

　　イ　試験科目群のすべてにおいて得点があった者

試験に関する問い合わせ先

公益財団法人　社会福祉振興・試験センター

〒150−0002　東京都渋谷区渋谷1−5−6　SEMPOS ビル

（試験情報専用電話案内）03−3486−7559（音声案内、24時間対応）

（試験室電話）03−3486−7521（9時〜17時、土曜・日曜・祝日を除く）

（ホームページURL）　https://www.sssc.or.jp/

要 点 編

テーマ 1 人間の尊厳・人権・自立と関連法規

人間の尊厳と人権に関連する用語・人物

□□ ノーマライゼーションとは、デンマークのバンク-ミケルセンが提唱し、障害のある人や高齢者等も他のすべての人々と同じように普通（ノーマル）の生活が送れるように環境の整備を目指す考え方。

□□ 1981年の国際障害者年に国際連合が指定したスローガン「完全参加と平等」は、ノーマライゼーションの理念に基づいている。

□□ QOL（Quality of life：クオリティ・オブ・ライフ）は、個々人が精神的に満足した生活を送れているか、幸せを感じながら生きているかという観点から導き出され、「生活の質」「人生の質」等と訳されることが一般的。

□□ 権利擁護（アドボカシー）とは、利用者の思いやニーズを代弁したり、虐待や身体拘束等の権利侵害を受けている利用者を守ったりすること。

□□ エンパワメントとは、利用者自身が本来持っている潜在的な力を引き出し、生活課題の解決に活かすこと、またはそのための支援。

□□ 意思決定支援とは、利用者の思いや考え等を引き出して確認したりする中で、その利用者が最善の選定・決定を行えるように支援すること。

□□ ソーシャルインクルージョン（社会的包摂）とは、障害のある人だけでなく、高齢者や子ども、外国籍の人等、すべての人々を孤独や孤立、排除や摩擦から守り、健康で文化的な生活の実現につなげるよう、同じ社会の構成員として包み支え合うという理念。

□□ 自立支援とは、利用者が自らの意思に基づいて自己選択と自己決定ができ、受け身的な生活ではなく、主体的な生活を送ったり、社会参加したりすることができるよう支援すること。

□□ 糸賀一雄は、知的障害児等が入所する近江学園を創立したほか、『この子らを世の光に』を著し、人間の発達保障の重要性を訴えた。

□□ ミルトン・メイヤロフは『ケアの本質』の中で「他者にケアを行うことで自分自身の成長につながる」というケアリングの概念を確立した。

法律にみる個人の尊厳と自立

法　律		概　要
日本国憲法	第13条	すべて国民は、個人として尊重される（個人の尊重）
	第25条	すべて国民は、健康で文化的な最低限度の生活を営む権利を有する（生存権）
障害者基本法	第1条	すべての国民が、障害の有無にかかわらず、等しく基本的人権を享有するかけがえのない個人として尊重されるものであるとの理念に則り、障害の有無によって分け隔てられることなく、相互に人格と個性を尊重し合いながら共生する社会の実現を目指す
	第3条	すべての障害者が、障害者でない者と等しく、基本的人権を持っている個人として尊厳が尊重され、その尊厳にふさわしい生活を保障される権利を有する
社会福祉法	第3条	福祉サービスは、個人の尊厳の保持を旨とし、その内容は、福祉サービスの利用者が心身ともに健やかに育成され、またはその有する能力に応じ自立した日常生活を営むことができるように支援するもの
介護保険法	第1条	要介護状態となり、介護、機能訓練、看護等を必要とする者が尊厳を保持し、その有する能力に応じ自立した日常生活を営むことができるよう、必要な保健医療サービス及び福祉サービスを給付（提供）
障害者総合支援法	第1条	障害者と障害児が基本的人権を持っている個人としての尊厳にふさわしい日常生活や社会生活を営むことができるよう、必要な障害福祉サービスを給付（提供）

テーマ
2

対人関係と
コミュニケーション

コミュニケーションの基本

☐☐ 介護福祉職は自己覚知を通して自分自身の価値観や先入観、感情の動き等を把握した上で、利用者とコミュニケーションを図り、信頼関係（ラポール）を形成していく。

☐☐ 援助者が利用者に対して無意識に自分の感情を向けてしまうことを逆転移と呼ぶ。逆転移が生じないようにするためにも自己覚知は重要。

☐☐ 介護福祉職のコミュニケーションの基本は、利用者の言葉、感情、行動などに関心を向けながら総合的・積極的に聴く「傾聴」である。

☐☐ 自己開示は良好な人間関係を築くため、介護福祉職が自分の情報を利用者に伝えることである。ジョハリの窓の「開放された部分」を大きくする。

☐☐ 介護福祉職は利用者の視点を忘れず、バイステックの７原則に基づいて対応。

個別化	利用者を一人のかけがえのない個人として尊重。
自己決定	利用者が自ら決定できるよう支援する。
受容	利用者の言動や態度をそのまま受け入れる。
非審判的態度	介護福祉職は自らの価値観だけで利用者を一方的に非難・否定しない。
意図的な感情表出	利用者が自分の感情を率直に表現できるよう、意図的に働きかける。
統制された情緒的関与	介護福祉職は自らの感情を自覚・吟味しつつ、利用者の思いを汲みとり、共感を持って理解する。
秘密保持	利用者に関する情報を本人の同意なしに他人に漏らしてはならない。

☐☐ SOLER（ソーラー）はイーガンが提唱したコミュニケーションの基本姿勢。

S (Squarely)	利用者の斜め前に位置（直角法）し、まっすぐに向かい合う。 ※初対面の利用者等、真正面に座る（対面法）と緊張させてしまう場合もある。
O (Open)	利用者に対して開いた姿勢をとる。 ※利用者に背を向けたり、腕組みをしたりすると、利用者を拒絶している印象や威圧感を与えてしまうおそれがある。
L (Lean)	やや前傾姿勢をとる等、利用者のほうへ少し身体を傾ける。 ※近づきすぎると、威圧感を与えてしまうおそれがある。
E (Eye contact)	凝視せず、利用者と適度に視線を合わせる。 ※凝視すると、監視されている印象を与えてしまうおそれがある。
R (Relaxed)	緊張せず、リラックスして話を聴く。 ※緊張しすぎると、利用者にその緊張が伝わり、利用者自身も緊張してしまうおそれがある。

コミュニケーションと質問

■コミュニケーションの種類

種類	言語的コミュニケーション	非言語的コミュニケーション
特徴	言葉を使ったコミュニケーション	言葉以外の方法でのコミュニケーション
例	会話、筆談、手紙、メール、手話	表情、態度、視線、姿勢、ジェスチャー、声のトーン、服装

■質問の種類

種類	閉じられた質問	開かれた質問
特徴	「はい」「いいえ」で回答、または簡単な単語で短く回答できる質問	自由度が高く様々な回答ができる質問で、発言を促し相手の気持ちを理解しやすい
例	「野菜は好きですか」	「何を不安に思っていますか」

テーマ
3
個人の権利を守る 法制度・事業

出題実績
36 35 34
33 32

成年後見制度

□□ 成年後見制度とは、認知症のある人や知的障害者、精神障害者等、判断能力が不十分で意思決定が困難な人たちの権利を守る制度。

□□ 2種類の成年後見制度
・任意後見制度は、判断能力が低下する前にあらかじめ本人が支援する人（任意後見人）を選出して契約。
・法定後見制度は、すでに判断能力が不十分な状態となった場合に親族等の申し立てによって家庭裁判所が支援する人（後見人、保佐人、補助人）を選ぶ。このうち、最も多い申し立ては後見である。

□□ 法定後見制度で申し立てができる主な人は、対象者本人、配偶者、4親等内の親族、市町村長。

□□ 法定後見制度では、本人に代わって支援する人（後見人、保佐人、補助人）が預貯金を管理する財産管理やサービスの利用手続き等の身上監護を実施。
※介護を行う義務はない。

■ 成年後見制度の全体像と法定後見制度の3類型

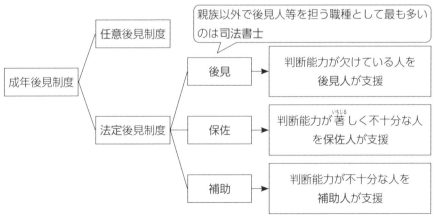

日常生活自立支援事業

□□ 日常生活自立支援事業では、認知症のある人や知的障害者、精神障害者等で判断能力が不十分な人たちを支援。

□□ 成年後見制度の対象者と異なる点は、判断能力は不十分ながらも契約内容を理解できる能力があること。

□□ 実施主体は、都道府県社会福祉協議会と指定都市社会福祉協議会。

□□ 専門員は、相談や契約、支援計画の作成を担う。生活支援員は、実際のサービス提供を担う。

福祉サービスの利用援助	サービスの利用に関する相談・情報提供、利用手続き等の支援
日常的金銭管理サービス	公共料金（水道代、電気代、ガス代等）の支払い、預貯金の払い戻し・預け入れ等の支援
書類等の預かりサービス	通帳や証書等の預かり

個人情報保護法

□□ 個人情報とは、生存する個人に関する情報であって、特定の個人を識別できる氏名、生年月日、写真、文書、映像、音声、電磁的記録、個人識別符号（指紋、DNA、マイナンバー、基礎年金番号、パスポートの番号等）等のこと。

□□ 本人の同意を得ずに個人情報を取り扱うことは、原則として禁止。

□□ 一般的に、利用者本人から個人情報の開示を求められた場合には開示するが、開示することで利用者本人や他の人の生命や身体、財産等に被害を及ぼすおそれがあるときは、その全部または一部を開示しないことができる。

ゴロ合わせ

成年後見制度

確認　　は出かける　　前　　に。
（任意後見）（判断力低下前）

ほうっておくと後で　　火災になるよ！
（法定後見）　（低下後）　　（家裁）

テーマ **4**

高齢者・障害者の虐待防止法と障害者差別解消法

虐待（ぎゃくたい）の５つの種類

種類	主な内容
身体的虐待	身体に外傷が生じる暴行、正当な理由がない身体拘束（こうそく）
心理的虐待	著（いちじる）しい暴言、拒絶的な対応、心理的外傷を与える言動
ネグレクト	衰弱（すいじゃく）させるような著しい減食、長時間の放置、著しい養護の怠慢（たいまん）
経済的虐待	財産を不当に処分、本人から不当に財産上の利益を得ること
性的虐待	わいせつな行為、わいせつな行為をさせること

□□ ベッド柵を囲む行為、ひもで縛（しば）る行為、つなぎ服を着せる行為、ミトン型の手袋やY字帯をつける行為等の身体拘束は原則禁止。

高齢者虐待防止法

□□ 高齢者虐待防止法では、65歳以上の高齢者に対する**養護者**（自宅で高齢者を介護する家族、親族、同居人等）と**養介護施設従事者等**（介護保険施設や居宅サービス事業所等で働く職員）による虐待を「高齢者虐待」と定義。

□□ 高齢者の虐待防止、虐待を受けた高齢者の保護、養護者に対する支援が目的。

□□ 高齢者虐待の早期発見のため、虐待を受けたと思われる高齢者を発見した人は、速（すみ）やかに**市町村に通報**する。

□□ 通報を受けた市町村は、その高齢者が住む自宅への立ち入り調査や虐待を受けていた場合には**一時的な保護**を実施。

□□ 立ち入り調査は市町村が**地域包括支援センター**の職員等に命じて実施するが、状況によっては**警察署長**（しょちょう）に援助を求めることも可能。

□□ 高齢者虐待を受けた人（被虐待者）は**女性**が多い。高齢者虐待をした人（虐待者）は**息子**が最も多く、次いで夫、娘の順。

□□ 高齢者虐待で最も多いのは、**身体的虐待**。

障害者虐待防止法

□□ 障害者虐待防止法では、障害者に対する**養護者**（自宅で障害者を介護する家族、親族、同居人等）と**障害者福祉施設従事者等**（障害者支援施設や就労継続支援事業所等で働く職員・使用者）による虐待を「障害者虐待」と定義。

□□ 障害者虐待防止法第3条には「何人も、障害者に対し、虐待をしてはならない」と障害者に対する虐待の禁止を明記。

□□ 障害者虐待への対応
　・養護者または障害者福祉施設従事者による虐待を受けたと思われる障害者を発見した場合、速やかに**市町村**へ通報。
　・使用者による虐待を受けたと思われる障害者を発見した場合には、速やかに**市町村**または**都道府県**に通報。

障害者差別解消法

□□ 障害者差別解消法は、障害を理由とする差別の解消を推進するとともに、相互に人格と個性を尊重し合いながら共生する社会の実現を目指している。

□□ **合理的配慮**とは、障害のある人に同じ配慮をすることではなく、一人ひとりの障害特性に応じた配慮・支援を行うこと。

□□ 対象は身体障害、知的障害、精神障害等がある人で、「障害者手帳」の所持者だけではない。
　例1　知的障害→会議の際、わかりやすい言葉で書いた資料を用意
　例2　聴覚障害→試験の際、試験監督者が口頭で説明する内容を書面で配布
　例3　視覚障害→資料の読み上げ、資料を拡大文字や点字で作成

■不当な差別的取り扱いの禁止と合理的配慮の提供

	不当な差別的取り扱いの禁止	合理的配慮の提供
国・地方公共団体	義務	義務
民間事業者	義務	義務

テーマ 5

社会保障制度の概要

社会保障の意味と機能

☐☐ 社会保障とは、公的な仕組みを通じて個人の**自助努力**だけでは対応困難な生活上のリスク（病気、けが、障害、死亡、加齢、失業、介護等）を**予防**または**救済**し、**ナショナル・ミニマム**（国が保障すべき最低限度の生活水準。イギリスのウェッブ夫妻が提唱）を実現すること。

[社会保障の主な機能]

☐☐ **社会的セーフティネット**（社会的安全網）では、生活上のリスクに伴う生活困難の発生を予防または救済し、生活の安定と生活の保障を図る。

☐☐ **所得再分配**では、所得の高い人から所得の低い人へというように、所得を個人や世帯の間で移動させ、**所得格差の縮小**や**低所得者**の生活の安定を図る。

☐☐ **リスク分散**では、個人の自助努力だけでは対応困難な生活上のリスクを**社会全体**で支え合うことで、そのリスクに伴う影響力を低減させる。

☐☐ **社会の安定**では、社会保障が発展することで社会が安定し、経済の安定や成長につながる。

[日本における社会保障制度の法的根拠と特徴]

☐☐ 国は、すべての生活部面について、社会福祉、社会保障及び公衆衛生の向上及び増進に努めなければならない（日本国憲法第 25 条第 2 項）。

☐☐ 福祉三法体制＝**生活保護法・児童福祉法・身体障害者福祉法**（昭和 20 年代）

☐☐ 福祉六法体制＝福祉三法＋**精神薄弱者福祉法**（現・知的障害者福祉法）・**老人福祉法・母子福祉法**（現・母子及び父子並びに寡婦福祉法）（昭和 30 年代）

☐☐ 1961（昭和 36）年に**国民皆保険・皆年金体制**が確立。

☐☐ 社会保障給付費は年々増加。部門別では**年金**（約 40％）が最も多く、次いで**医療**（約 34％）、**福祉その他**（約 26％）。福祉その他では特に**介護対策**の費用増加が目立つ。

☐☐ 社会保障給付費の財源の構成は、**社会保険料**の占める割合が最も大きく、次いで公費（税金）となっている。

社会保障制度の枠組み

■ 狭義の社会保障制度

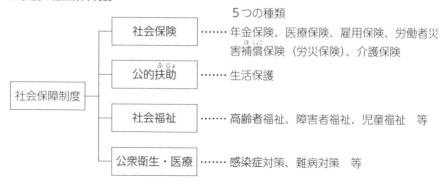

社会保障制度
- 社会保険 …… 5つの種類　年金保険、医療保険、雇用保険、労働者災害補償保険（労災保険）、介護保険
- 公的扶助（ふじょ）…… 生活保護
- 社会福祉 …… 高齢者福祉、障害者福祉、児童福祉　等
- 公衆衛生・医療 …… 感染症対策、難病対策　等

※この枠組みは、1950（昭和25）年に「社会保障制度に関する勧告」を行った社会保障制度審議会（現・社会保障審議会）により作成

■ 財源別に見る社会保障制度

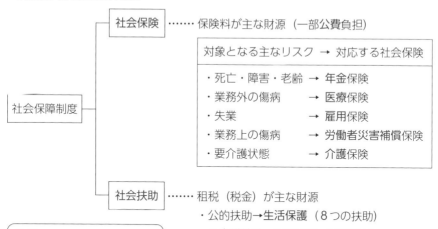

社会保障制度
- 社会保険 …… 保険料が主な財源（一部公費負担）

対象となる主なリスク	→	対応する社会保険
・死亡・障害・老齢	→	年金保険
・業務外の傷病	→	医療保険
・失業	→	雇用保険
・業務上の傷病	→	労働者災害補償保険
・要介護状態	→	介護保険

- 社会扶助 …… 租税（税金）が主な財源
  - ・公的扶助→生活保護（8つの扶助）
    - ※介護扶助、医療扶助→現物給付
    - 生活扶助、教育扶助、住宅扶助、出産扶助、生業扶助、葬祭扶助（そうさい）→現金（金銭）給付
    - ※介護保険料は生活扶助費、介護保険サービスの自己負担分は介護扶助費として支給
  - ・社会手当→特別障害者手当、特別児童扶養手当　等
  - ・社会サービス→高齢者福祉サービス　等

[現物給付]
病院での診察や介護保険施設の利用等、金銭以外のサービス提供
[現金（金銭）給付]
傷病手当金や老齢年金等、金銭の支給

19

テーマ 6 介護保険制度の創設と保険者・被保険者

介護保険制度の概要とその背景

□□ 介護保険制度の基本理念は「自立支援」「尊厳の保持」「利用者本位」。

□□ 介護保険制度では、サービスの利用の可否や内容、提供機関等を利用者ではなく市町村が決める従来の措置（そち）ではなく、利用者と事業者が契約することで事業者がサービスを提供し、利用者がその利用料金を支払う（利用者負担の発生）という社会保険方式を採用。

※介護保険制度も含めた社会福祉の流れは「措置から契約へ」。

■介護保険制度が創設された主な理由

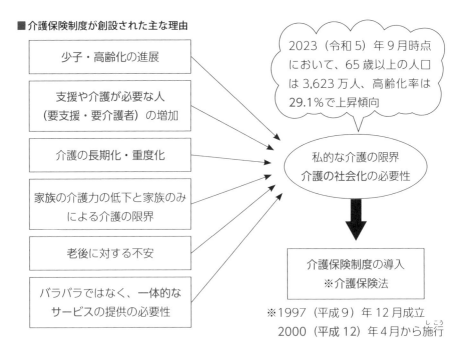

少子・高齢化の進展

支援や介護が必要な人
（要支援・要介護者）の増加

介護の長期化・重度化

家族の介護力の低下と家族のみ
による介護の限界

老後に対する不安

バラバラではなく、一体的な
サービスの提供の必要性

2023（令和5）年9月時点において、65歳以上の人口は3,623万人、高齢化率は29.1％で上昇傾向

私的な介護の限界
介護の社会化の必要性

介護保険制度の導入
※介護保険法

※1997（平成9）年12月成立
2000（平成12）年4月から施行（しこう）

□□ 高齢者世代（65歳以上）を支える生産年齢人口（15歳以上65歳未満）は減少傾向。このことも介護保険制度の必要性を高めている要因の一つ。

介護保険制度の保険者と被保険者

□□ 保険者は、**市町村及び特別区**。

□□ 保険者の役割は、**保険給付**や**保険料徴収**に関する事務、3年を1期とする
市町村介保険事業計画の策定、**介護認定審査会の設置**等である。

□□ 被保険者は、**第1号被保険者**と**第2号被保険者**に区分される。

□□ 第1号被保険者の保険料は、**保険者が所得に応じて設定**。

□□ 保険給付の財源構成は、**公費** 50％＋**保険料** 50％（第1号保険料＋第2号
保険料）となっている。

■ 被保険者と保険料の徴収方法

	第1号被保険者	第2号被保険者
対象者	市町村の区域内に住所がある65歳以上の者	市町村の区域内に住所がある40歳以上65歳未満、かつ医療保険に加入している者
保険給付の要件	**要介護状態**（寝たきりや認知症等で介護が必要な状態）や**要支援状態**（要介護状態となる可能性があり、日常生活に支援が必要な状態）にある者	末期のがん、関節リウマチ、骨折を伴う**骨粗鬆症**、パーキンソン病、初老期における認知症、脊髄小脳変性症等、老化に起因する病気（**特定疾病**）が原因で要介護状態や要支援状態にある者
保険料の徴収方法（確保の仕方）	・**特別徴収**…年額18万円以上の年金受給者は、年金から介護保険料を**天引き**し（差し引き）、**市町村に納付** ・**普通徴収**…年額18万円未満の年金受給者は、納付通知書が**市町村から送付**され、**本人が直接、市町村に納付**（口座振替やコンビニエンスストアでの納付も可能）	医療保険者が**医療保険料と合わせて徴収**

テーマ **7**

介護保険制度の利用手続きと保険給付

出題実績
36 35 34
33 32

介護保険制度の申請と保険給付

☐☐ 介護保険制度の給付（サービス）を受けるには、本人等が保険者である市町村に申請し、要介護認定（要介護1〜5）または要支援認定（要支援1・2）を受け、ケアプランを作成することが必要。

☐☐ 本人や家族に代わって申請できるのは、民生委員や成年後見人、地域包括支援センター、介護保険施設等。

☐☐ 要介護認定等の基準の設定は、国が行う。

☐☐ 要介護認定等は市町村が窓口となり、介護認定審査会により行われる。

☐☐ 要介護認定等の結果に不服がある際は、都道府県が設置する介護保険審査会に不服申し立てが可能。

☐☐ ケアプランには、居宅サービスを利用するために必要な居宅サービス計画や施設サービスを利用するために必要な施設サービス計画等がある。

☐☐ 一般的にケアプランは、介護支援専門員（ケアマネジャー）がケアマネジメントの仕組みの中で作成し、利用者負担は発生しない。

介護サービス

■ 保険給付と介護サービス

種類	対象者	給付（サービス）内容
介護給付	要介護1〜5の人 （要介護者）	・訪問介護[※1]、通所介護、訪問看護、通所リハビリテーション、訪問リハビリテーション、特定施設入居者生活介護等の居宅サービス ・看護小規模多機能型居宅介護、夜間対応型訪問介護等の地域密着型サービス ・介護老人福祉施設（原則要介護3以上

		で利用可能)、介護老人保健施設、介護医療院での**施設サービス**^{※2}
予防給付	**要支援1・2の人**（要支援者）	・**介護予防訪問入浴介護、介護予防通所リハビリテーション、介護予防福祉用具貸与**等の**介護予防サービス** ・**介護予防認知症対応型共同生活介護**（要支援1は利用不可）、**介護予防小規模多機能型居宅介護**等の**地域密着型サービス**
市町村特別給付	要介護者・要支援者（各市町村で異なる）	・**配食**、寝具乾燥、理髪等、地域住民の要望等に応じて、各市町村が**独自に定めた**サービス

※1 訪問介護には調理・洗濯・掃除等の**生活援助**と食事・排泄（はいせつ）・入浴等の**身体介護**、生活上の相談・助言がある。実際に提供されるサービスは、訪問介護事業所のサービス提供責任者が作成した訪問介護計画書に基づく内容となる。

※2 施設サービスの指定・監督は**都道府県・指定都市・中核市**が行う。

主な地域密着型サービス

- □□ 地域密着型サービスは、要介護者等が**住み慣れた地域での生活を継続する**ことを目的とし、原則、**その市町村の被保険者のみ**がサービスを利用可能。

- □□ 夜間対応型訪問介護は、**夜間の定期的な巡回訪問または緊急時の随時訪問（ずいじ）**により、**居宅での介護**を提供。

- □□ 定期巡回・随時対応型訪問介護看護は、日中・夜間を通じて、**訪問介護と訪問看護が密接に連携しながら、短時間の定期巡回型訪問と随時の対応**を行う。

- □□ 小規模多機能型居宅介護は、**小規模な施設への通い（通所サービス）を中心に、訪問（訪問介護）、泊まり（短期入所）を組み合わせて**サービスを提供。

- □□ 看護小規模多機能型居宅介護は、**訪問看護と小規模多機能型居宅介護を組み合わせて**提供。

- □□ 認知症対応型共同生活介護は、**認知症の利用者が共同生活を営む住居（1ユニットの定員5～9人）で受ける日常生活上の支援**。

- □□ 地域密着型介護老人福祉施設入所者生活介護は、**定員29人以下の介護老人福祉施設**で受ける日常生活上の支援。入所は原則**要介護3以上**。

テーマ 8 介護保険法の改正とそのポイント

これまでの介護保険法の改正

改正法成立年	主な改正内容
2005 （平成17）年	・介護予防の重視→新予防給付（要支援1・2）の創設 ・地域密着型サービス、地域包括支援センターの創設
2008 （平成20）年	・事業者に法令遵守（コンプライアンス）の体制整備を義務付け
2011 （平成23）年	・定期巡回・随時対応型訪問介護看護の創設 ・複合型サービス（現在の看護小規模多機能型居宅介護）の創設
2014 （平成26）年	・介護予防訪問介護と介護予防通所介護が地域支援事業の介護予防・日常生活支援総合事業に移行→要支援1・2の人は訪問型サービスや通所型サービスを利用 ・介護老人福祉施設の入所対象を原則、要介護3以上に変更
2017 （平成29）年	・「より所得が高い」利用者を対象に3割の自己負担を導入 ※第1号被保険者→原則1割負担、所得に応じて2割または3割負担。第2号被保険者→一律1割負担 ・医療機能と生活支援機能を兼ね備えた介護医療院の創設 ・高齢者と障害者が同一の事業所でホームヘルプサービス、デイサービス、ショートステイを受けられるように共生型サービスを創設
2020 （令和2）年	・地域共生社会の実現のための「社会福祉法等の改正」の一部として成立 ・市町村に重層的支援体制整備事業を創設→8050問題、育児と介護のダブルケア等の複合化した支援ニーズに対応 ・医療・介護のデータ基盤の整備の推進

2023（令和5）年の介護保険法の改正

□□ 2023（令和5）年の介護保険法の改正は「全世代対応型の持続可能な社会保障制度を構築するための健康保険法等の一部を改正する法律」の一部として同年5月に成立。

【主な改正内容】

❶介護情報基盤の整備

□□ サービスの質の向上を図るため、**介護保険者（市町村）が医療・介護情報の収集・提供を医療保険者と一体的に実施。**

□□ 市町村が実施する介護情報基盤の整備は**地域支援事業**として位置付け、利用者や事業者が介護情報を共有・活用することを促進。

❷介護サービス事業者の財務状況等の見える化

□□ 事業の透明化を図るため、介護サービス事業者が毎会計年度に損益計算書等の財務状況を都道府県に報告することを**義務付け。**

□□ 国が収集・整理（データベース化）し、分析した情報を公表。

❸介護サービス事業所の生産性の向上につながる取り組みの促進

□□ 生産性の向上につながる取り組みの促進を都道府県の努力義務に。

□□ 都道府県介護保険事業支援計画の任意記載事項に「生産性の向上」に関する事業を追加。

❹看護小規模多機能型居宅介護のサービス内容の明確化

□□ 訪問看護と小規模多機能型居宅介護を組み合わせた**看護小規模多機能型居宅介護**が、複合型サービスの一つであることを明確に位置付け。

□□ 利用者の自宅に加え、サービス拠点での**「通い」「泊まり」**でも看護サービス（療養上の世話・必要な診療の補助）を提供可能→医療ニーズの高い中重度の要介護者の療養生活を支援。

❺地域包括支援センターの体制整備等

□□ 要支援者に行う介護予防支援（介護予防サービス計画の作成等）について、地域包括支援センターに加え、**居宅介護支援事業所も市町村からの指定を受けて実施可能に。**その際、指定を受けた事業所は、市町村や**地域包括支援センターとも連携する。**

□□ 地域包括支援センターが行う総合相談支援業務（住民の各種相談に幅広く対応）について、その一部を**居宅介護支援事業所に委託可能に。**

テーマ
9

障害者総合支援法

障害者総合支援法の理念と対象

□□ 障害者総合支援法は、①障害の有無に関係なく、等しく**基本的人権**を持っているかけがえのない**個人の尊重**、②**共生社会の実現**、③**社会参加の機会確保**、④**社会的障壁の除去**を理念とし、2013（平成25）年4月から施行。

□□ 対象は、①18歳以上の**身体障害者、知的障害者、精神障害者、発達障害者、難病**等である者、②児童福祉法に規定する18歳未満の**障害児**。

障害者総合支援法に基づくサービスの全体像

□□ サービス（給付）内容は、**自立支援給付**と**地域生活支援事業**で構成。

□□ 財源は、自己負担分を除き、全額公費である。

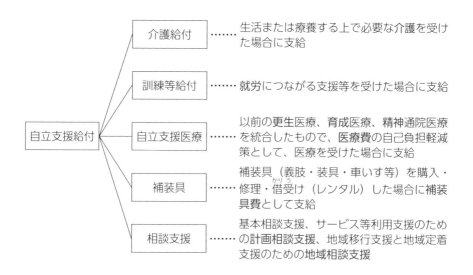

自立支援給付

介護給付 ……… 生活または療養する上で必要な介護を受けた場合に支給

訓練等給付 ……… 就労につながる支援等を受けた場合に支給

自立支援医療 ……… 以前の更生医療、育成医療、精神通院医療を統合したもので、医療費の自己負担軽減策として、医療を受けた場合に支給

補装具 ……… 補装具（義肢・装具・車いす等）を購入・修理・借受け（レンタル）した場合に補装具費として支給

相談支援 ……… 基本相談支援、サービス等利用支援のための計画相談支援、地域移行支援と地域定着支援のための地域相談支援

```
            ┌─ 市町村地域    虐待防止のための相談支援、手話通訳者等を派
            │  生活支援事業 ……遣する意思疎通支援、日常生活用具給付、成年
地域生活    │              後見制度利用支援、外出のための移動支援　等
支援事業  ◀─┤
            │  都道府県地域  高次脳機能障害等の専門性の高い相談支援、意
            └─ 生活支援事業 ……思疎通支援を行う者の派遣にかかる市町村相互
                           間の連絡調整　等
```

自立支援給付の中にある介護給付と訓練等給付

☐☐ 障害福祉サービスである介護給付や訓練等給付を利用するには、まず実施主体である市町村に本人や家族等が支給申請。

☐☐ 介護給付を利用するには、介護保険制度の要介護認定・要支援認定のように、必要とされる支援の度合いを示す障害支援区分（区分1〜6）の認定を受けることが必要。なお、障害支援区分の判定は市町村審査会で行われる。

☐☐ 訓練等給付を利用する場合は、障害支援区分の認定は必要ない。

☐☐ 介護給付や訓練等給付を利用するには、介護保険制度の介護サービス計画（ケアプラン）のように、サービス等利用計画の作成が必要。

☐☐ サービス等利用計画は、相談支援専門員が作成。

☐☐ 利用者の自己負担は、介護保険制度のような定率負担（同じ割合）で支払う応益負担ではなく、負担能力（収入が多いか少ないか）に応じて支払う応能負担が原則。

■ 介護給付と訓練等給付の利用の流れ

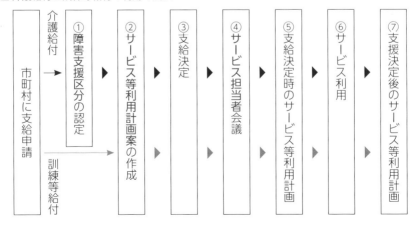

27

テーマ 10 介護給付と訓練等給付の内容

介護給付

種類	サービス内容
居宅介護	自宅で入浴、排泄、食事の介護や調理、洗濯、掃除等の家事支援を実施
重度訪問介護	重度の肢体不自由者や重度の知的障害者または精神障害により行動上著しい困難を有する障害者で、常時介護が必要な人を対象に、自宅で入浴、排泄、食事の介護、外出時における移動支援等を総合的に実施（区分4以上）。区分6の利用者が入院した場合、その医療機関での支援も可能
同行援護	視覚障害により移動に著しい困難を有する人を対象に、移動に必要な情報の提供（代筆・代読を含む）、移動の援助等の外出支援を実施
行動援護	知的障害や精神障害により行動上著しい困難があり、常時介護が必要な人を対象に危険を回避するために必要な支援や外出支援を実施（区分3以上）
重度障害者等包括支援	介護の必要性が著しく高い障害者に、居宅介護等、複数のサービスを包括的に実施（区分6）
短期入所（ショートステイ）	自宅で介護する人が病気の場合等に、短期間、夜間も含め障害者支援施設等で、入浴、排泄、食事の介護等を実施（区分1以上）
生活介護	障害者支援施設等で、常時介護が必要な人を対象に、主に昼間、入浴、排泄、食事等の介護や創作的活動等を実施
療養介護	医療と常時介護を必要とする障害者に、医療機関で機能訓練や療養上の管理、看護、介護、日常生活の援助を実施

| 施設入所支援 | 障害者支援施設入所者を対象に、主に夜間、入浴、排泄、食事の介護等を実施（区分4（50歳以上は区分3）以上） |

訓練等給付

種類	サービス内容
自立訓練 （機能訓練・生活訓練）	自立した日常生活や社会生活が送れるよう、一定期間、身体機能または生活能力の向上のために必要な訓練を実施
就労移行支援	一般企業等への就労を希望する人を対象に、一定期間、就労に必要な知識や能力の向上のために必要な訓練を実施
就労継続支援 （A型：雇用型／ B型：非雇用型）	一般企業等での就労が困難な人を対象に、働く場を提供するとともに、知識や能力の向上のために必要な訓練を実施
就労定着支援	就労移行支援等を経て一般就労へ移行した者等を対象に、就労に伴う生活面の課題を把握するとともに、企業や事業所、関係機関との連絡調整等の支援を実施
共同生活援助 （グループホーム）	主に夜間、共同生活を営む住居で、相談や日常生活上の援助を実施
自立生活援助	障害者支援施設や共同生活援助（グループホーム）等を利用していた障害者で一人暮らしを希望する者等を対象に、定期的な訪問や随時の対応を実施

※障害児へのサービスには、障害児通所支援（児童発達支援、放課後等デイサービスなど）、障害児入所支援などがある。

ゴロ合わせ

介護給付の同行援護

どうこう言わず、円を	死角に	移す
（同行）　　　（援護）	（視覚障害）	（移動の援助）

介護福祉士

介護福祉士の役割と義務

□□ 介護福祉士は国家資格で、1987（昭和62）年に社会福祉士及び介護福祉
士法で制定。

□□ 介護福祉士は「介護福祉士」の名称を用いて（名称独占）、専門的知識・技
術に基づき身体上または精神上の障害があることにより日常生活を営むのに
支障がある者に対し、心身の状況に応じた介護（喀痰吸引等※を含む）を行
うとともに、その介護者等に対して介護に関する指導を行う。

※喀痰吸引等とは、医療的ケアとしての喀痰吸引、経管栄養を指す。

□□ 「介護福祉士」の名称を用いるには、国家試験合格後、介護福祉士登録簿へ
の登録が必要。

□□ 「求められる介護福祉士像」には、介護福祉士が介護職の中で中核的な役割
を担うことが明記。

■ 介護福祉士の義務

誠実義務	個人の尊厳を保持し、自立した日常生活を営めるよう、常に利用者の立場に立って誠実にその業務を行わなければならない。
信用失墜行為の禁止	介護福祉士の信用を傷つけるような行為をしてはならない。
秘密保持義務	正当な理由がなく、業務で知り得た人の秘密を漏らしてはならない（介護福祉士ではなくなった後も同様）。
連携	利用者の認知症等の状況に応じ、福祉サービス等が総合的かつ適切に提供されるよう、福祉サービス関係者等との連携を保たなければならない。
資質向上の責務	環境の変化等による業務内容の変化に適応するため、介護等に関する知識・技能の向上に努めなければならない。

■ 義務規定に違反した場合の罰則

秘密保持義務違反	1 年以下の懲役または 30 万円以下の罰金 登録の取り消し、または期間を定めて介護福祉士の名称使用制限
名称の使用制限違反	30 万円以下の罰金
信用失墜行為の禁止違反	登録の取り消し、または期間を定めて介護福祉士の**名称**使用制限

介護福祉士の職業倫理

□□ 日本介護福祉士会倫理綱領（こうりょう）は、1995（平成 7）年 11 月 17 日に日本介護福祉士会が定めた介護福祉専門職としての**倫理基準・行動規範**である。

利用者本位・自立支援	すべての人々の**基本的人権**を擁護（ようご）し、一人ひとりの住民が心豊かな暮らしと老後が送れるよう**利用者本位**の立場から**自己決定**を最大限尊重し、自立に向けた介護福祉サービスを提供
専門的サービスの提供	常に専門的知識・技術の研鑽（けんさん）に励むとともに、豊かな感性と的確な判断力を培（つちか）い、深い洞察力を持って**専門的サービス**を提供。常に専門職として責任を負う
プライバシーの保護	職務上知り得た個人の**情報**を漏らさない
総合的サービスの提供と積極的な**連携・協力**	利用者に最適なサービスを**総合的**に提供していくため、福祉・医療・保健・その他関連する業務に従事する者と積極的な**連携**を図り、**協力**して行動
利用者ニーズの代弁	利用者の真のニーズを受け止め、それを**代弁**していくことも重要な役割であると確認した上で、考え、行動
地域福祉の推進	**地域**において生じる介護問題を解決していくため、専門職として常に積極的な態度で**住民**と接し、介護問題に対する深い理解が得られるように努め、その**介護力**の強化に協力
後継者の育成	介護福祉士の教育水準の向上と**後継者**の育成に注力

テーマ 2
ICF（国際生活機能分類）

ICF

☐☐ ICF（国際生活機能分類）は、2001年にWHO（世界保健機関）が以前のICIDH（国際障害分類）を改訂して作成。

☐☐ ICFは、一人ひとりの利用者を病気や障害というマイナス面のみでなく、本人の思い（〜したい）や嗜好（〜が好き）、能力（〜できる）等のプラス面も含め、総合的・全体的に捉えるツール（道具）として介護過程等で活用されている。

☐☐ ICFは、6つの構成要素が相互に関連し合う相互作用モデル。

☐☐ 構成要素のうち「心身機能・身体構造」「活動」「参加」から成るのは生活機能、「個人因子」「環境因子」から成るのは背景因子。

■ICF（国際生活機能分類）の全体像

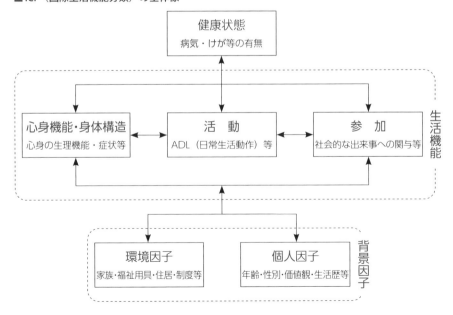

6つの要素	意味・内容	例
①健康状態	疾病（現病歴や既往歴）、ストレス、妊娠、加齢等	アルツハイマー型認知症、パーキンソン病、糖尿病、脳性麻痺、ストレスがたまる
②心身機能・身体構造	心理的及び生理的（身体的）な働きの程度やそれらの構造	物忘れ、幻覚、妄想、見当識障害、気分の落ち込み、活力の低下、身体のバランスを崩す、片麻痺、手足の麻痺や切断、聴力低下、関節拘縮、下肢の運動機能障害
③活動	ADL（日常生活動作）や IADL（手段的日常生活動作）等	移動・移乗、食事、排泄、入浴、着替え、口腔ケア、コミュニケーション、調理、掃除、洗濯、買物、金銭管理、服薬管理
④参加	社会的な出来事への関与、生活上の役割等	月に 1 回ほど他利用者と外食に出かける、家族や地域住民との交流、美術館に行く、ボランティア活動、レクリエーションで歌の伴奏を担当する、コンクールへの応募
⑤個人因子	利用者本人に関わる特性→年齢、性別、生活歴、趣味、思い、価値観等	60 歳代、町内会長を務めたことがある、手芸が好き、趣味は園芸、「ゲートボールがしたい」「ドライブに行きたい」等の思い
⑥環境因子	本人以外の人、物、建物、制度、サービス等	家族、近所の人、ボランティア、民生委員、介護福祉職、職場による出勤時間の調整、店員の対応、福祉用具、住環境、自宅周辺、介護保険制度、訪問介護

領域Ⅱ

ICF（国際生活機能分類）

[活動]

□□ ICF においての活動とは、個人による課題や行為の遂行を意味する。

□□ している活動（実行状況）…自分で自由に普段からしていること。

□□ できる活動（能力）…普段はしていないが、条件が整えば、できること。

テーマ 3 介護福祉職の健康と労働

心身の健康管理

□□ うつ病は、精神的なストレスが原因で発症し、気分の落ち込みや意欲低下、倦怠感等で日常生活に支障が生じる状態。2週間以上続く場合が多い。

□□ 燃え尽き症候群（バーンアウト）は、長期間のストレスや理想と現実のギャップ等で発症し、今まで熱心に仕事をしてきた人が、急に無気力になる状態。

□□ うつ病や燃え尽き症候群への対策として、各個人に適した対処法の実践に加え、職場組織として介護福祉職の心の健康（メンタルヘルス）を支えるストレスマネジメントが重要。

□□ 利用者からハラスメントを受けた際は、我慢せず、速やかに上司に相談し、職場組織としてハラスメント防止策を講じる。

□□ 感染症予防の三原則

①感染源対策…発病者の早期発見・治療、清掃による清潔保持、消毒　等

②感染経路対策…流水による手洗い、うがい、使い捨ての手袋やマスクの着用　等

③感受性（感染を受ける可能性）のある人への対策…十分な栄養・睡眠、予防接種　等

□□ 施設内でMRSA（メチシリン耐性黄色ブドウ球菌）の保菌者が確認された場合、うがいや手洗い、手指の消毒等、接触感染予防策を実施する。

□□ 腰痛は、不適切な体勢が続き、身体に負担が生じること等で発症。

□□ 主な腰痛予防

・長時間、同じ姿勢をとらない。静的ストレッチングを行い、筋肉をゆっくりと伸ばし、関節可動域を広げる。

・腰痛予防体操を行ったり、腹筋等によって筋力強化を図ったりする。

・ボディメカニクスを活用し、身体に負担をかけない。

・福祉用具（移動用リフト、スライディングシート等）の活用。

→人力のみで持ち上げない・抱え上げないように！

労働環境と労働法規

[介護保険施設における安全対策]

☐☐ 介護保険施設等では職員に対して安全に関する研修を定期的に行う。

☐☐ 消防法に基づき年2回以上の消火訓練・避難訓練が義務付けられている。

☐☐ 施設での安全な生活環境や職場環境を整備する最終責任者は施設管理者。

[労働基準法]

☐☐ 労働者における労働条件（賃金、労働時間等）の最低基準を定めた法律。

☐☐ 休憩時間を除き、1週間40時間、1日8時間を超えての労働を禁止。

☐☐ 本人の請求があれば産前6週間の休業、請求の有無にかかわらず産後8週間の休業を義務付け。

[労働安全衛生法]

☐☐ 従業員が常時50人以上の事業所には、衛生管理者及び産業医の配置、衛生委員会の設置に加え、1年以内ごとに1回のストレスチェックを義務付け。

☐☐ ストレスチェックは、労働者に対して医師や保健師等による心理的な負担の程度を把握するための検査。

☐☐ 検査実施者が検査結果を本人の同意なく事業者に提供することを禁止。

☐☐ 労働災害の防止に関する措置への労働者の協力も定められている。

[育児・介護休業法]

☐☐ 育児休業期間は、原則として子が1歳になるまで取得可能。ただし保育園に入れない等の理由があれば最長2歳まで延長可。

☐☐ 契約社員でも、一定の要件を満たしている場合は育児休業の対象となる。

☐☐ 子が病気をした場合は、小学校就学前まで年5日間（小学校就学前の子が2人以上いる場合は10日間）の看護休暇が時間単位で取得可能。

☐☐ 介護休業の場合、要介護状態にある対象家族1人につき、通算93日まで、3回を上限として、介護休業を分割して取得可能。

☐☐ 介護休暇の場合、要介護状態にある対象家族1人につき、年5日（対象家族が2人以上であれば年10日）まで、時間単位での取得が可能。

☐☐ 介護休業と介護休暇の対象家族の範囲は配偶者、父母、子、配偶者の父母等。

☐☐ 2021（令和3）年の法改正では、①女性だけでなく、男性も育児休業を取得しやすい環境整備を会社側に働きかけること、②男性が子どもの出生後8週間以内に4週間まで育児休業を取得可能、③育児休業を男女とも分割して2回まで取得可能となっている。

テーマ **4**

介護記録とケアカンファレンス

情報の伝達と介護記録

□□ 多職種連携を進める上で報告・連絡・相談は重要→「ホウ・レン・ソウ」

□□ 苦情、トラブル、事故があったときは、速やかに上司に報告。

□□ 報告は、要点を押さえながら具体的に、まず結論から伝える。介護福祉職の感情や価値観に基づく主観的意見は可能な限り避け、事実に基づく客観的な情報を正確に伝えることが基本。

□□ 介護記録の意義

・職員間で情報共有でき、利用者支援に役立つ。

・実践内容を振り返ることができるとともに、実践した証拠となる。

・研修に加え、調査・研究等で使用される場合もある。学会や論文に発表する際は、倫理的配慮として、研究目的・内容等を説明して利用者の同意を得るほか、利用者が特定されないよう匿名化が必須。

□□ 介護記録に関する留意点

・実践した内容を、その日のうちに5W1Hに基づき記録。

・他から得た情報は、その情報源も明記。

・記録を書き換えられないようにするため、鉛筆の使用は控え、ボールペン等を使用し、修正する際は、原則、二重線を引き、訂正印を押す。

・利用者やその家族は、介護記録を閲覧可能。

・サービス完結日から2年間または自治体によっては5年間の保存義務。

■ 介護記録の形式

叙述体	利用者の変化等を時間の流れに沿いながら記録
逐語体	利用者と介護福祉職のやりとりを省略せずにそのまますべて記録
要約体	支援内容や問題点等について要点を整理して記録
説明体	生じた出来事とそれに対する介護福祉職の解釈や考察を記録

リスクマネジメントと記録の保管

☐☐ **リスクマネジメント**は、介護事故等の危険（リスク）を組織的に管理し、事故発生を未然に**防止**することで、そのためにも記録が必要。

■リスクマネジメントのための記録

	ヒヤリ・ハット報告書 （インシデント報告書）	事故報告書 （アクシデント報告書）
内容	事故にならなかったものの、危うく事故になりそうな「ヒヤリ」「ハッ」とした出来事についての記録	実際に発生した事故についての記録

☐☐ 事故報告書は、職員だけでなく、**利用者や家族にも開示**できるようにする。

☐☐ パソコンで管理する際は、わかりにくい**パスワード**を使用→単純な数字だけの羅列や生年月日等は特定されやすいため、使用を避ける。

☐☐ 個人情報の漏洩防止のため、記録は施設・事業所の外に持ち出さない。

☐☐ 個人情報は鍵のかかる場所に保管する。

☐☐ 記録は机に置いたままとせず、所定の場所にその都度片づける。

☐☐ 施設・事業所における記録の保管場所に職員以外の者を入れない。

会議（カンファレンス）

☐☐ 前もって資料の内容を確認できるよう、資料は**事前に配布**。

☐☐ ケアカンファレンスでは可能な限り利用者の参加を促し、本人の意向を尊重。

☐☐ 特定の職員や職種がいつも司会者を務めるとは限らない。

☐☐ ベテランや特定の職種の意見だけで物事を決定せず、利用者の視点から各職員が**対等な立場**で議論→意見が分かれた際、**多数決で決めない**。**根拠**に基づく決定が重要。

☐☐ 発言者の意見を否定せず、意見の質より量を重視する**ブレインストーミング**や相手の思いを尊重しながら自分の意見を率直に伝える**アサーティブ・コミュニケーション**を適切に活用。

☐☐ 会議（カンファレンス）も業務に含まれるため、**勤務時間内**に実施。

テーマ
5

障害のある利用者との
コミュニケーション方法

視覚障害のある利用者とのコミュニケーション

- □□ 全盲の場合、介護福祉職から名乗って声かけする。その際は、視覚情報を整理して具体的にわかりやすく説明し、「これ」「それ」「あれ」「どれ」等のこそあど言葉は避ける。

- □□ 視覚障害者は相手の表情や態度等を確認することが難しいので、声の強弱や長短、抑揚等の準言語の活用も重要。

- □□ ロービジョン（視機能に障害があり見えにくい状態）の場合、拡大鏡（ルーペ）や視覚障害者用拡大読書器等を使用。

- □□ 中途失明者の場合、点字による読み書きができないことが多いため、音声案内等での情報伝達や視覚障害者用ポータブルレコーダー等でのメモが重要。

聴覚障害のある利用者とのコミュニケーション

- □□ 視覚を活かしたコミュニケーションが重要。

  手話………言語の一種で、手の形や位置、動き等を組み合わせて表現する。

  読話………話している相手の口の動きや表情から話の内容を読み取る。

  要約筆記…話している内容を要約し、それを文字として伝える。

  筆談………互いに文字を書いて意思を伝え合う。

- □□ 加齢性（老人性）難聴は、加齢に伴う内耳の障害によって引き起こされる感音性難聴に分類される。感音性難聴の場合、耳元で大きな声で話されると音が響いて余計に言葉が認識できなくなる→正面で口の形や表情を見せながら、ゆっくりと話す。場合によっては筆談や写真、絵等を併用。

  ※高音域から聞こえにくくなる。

- □□ 中途失聴者の場合、手話を習得していない人もいるため、筆談を用いることが多い。ただし、筆談では微妙なニュアンスを伝えることが難しい。

- □□ 触手話は通訳者が手話を表し、盲ろう者（視覚と聴覚の両方に障害がある人）

が、その手に触れて読み取る方法。

言語障害のある利用者とのコミュニケーション

- □□ 構音障害では口唇、舌、声帯等、発声・発語に関係する器官が障害され、呂律が回らず、うまく話せない。
- □□ 構音障害の場合、閉じられた質問、筆談、五十音表、携帯用会話補助装置を用いる。聞き取れなかったときは、わかったふりをせず、再度確認。
- □□ 失語症は脳の言語機能が損傷し、「話す」「読む」「書く」「聞く」のいずれかに支障が生じた状態。
- □□ 運動性失語（ブローカ失語）は、言葉は理解できるが、うまく話せないことが多い。閉じられた質問や絵・写真を活用する。
- □□ 感覚性失語（ウェルニッケ失語）は、流暢に話せるが、言葉の理解が困難で意味を伴わない内容が多い。ジェスチャー（身振り・手振り等）を活用し、非言語的メッセージ（相手の視線・表情・態度等）にも注目。

認知症のある利用者とのコミュニケーション

- □□ 認知症のある利用者の視野に入るよう、正面から徐々に近づき、声をかける。後ろや横から急に話しかけると利用者に不安感や恐怖感を与えてしまう。
- □□ できるだけ短い文章で、ゆっくり伝える。
- □□ 遂行機能障害の場合、利用者と手順を確認しながら一緒に物事を進める。
- □□ 利用者が同じ話を繰り返す場合は、話題を変えず、話の内容に沿った会話を続ける。
- □□ 記憶障害や不安等がある利用者本人のつらい気持ちを受け止める。
  - ※「頑張って思い出して」等の言葉は利用者を精神的に追い詰めてしまう。

抑うつ状態にある利用者とのコミュニケーション

- □□ 受容的な態度で接し、「元気を出して」「頑張って」等と安易に励ましたり、気分転換を強要したりしない。
- □□ 沈黙の理由を問うのではなく、介護福祉職には利用者のペースを尊重し、共感的態度で見守る姿勢が求められる。

領域II 生活支援技術

テーマ
6

車いすでの移動介護

出題実績
36 35 34
33 32

車いすでの移動介護の主な留意点

- ☐☐ 使用前に毎回、ブレーキの利き具合や後輪（駆動輪）の空気圧等、車いすの点検が必要。
- ☐☐ 移動する前に必ず、利用者への説明や体調確認を行う。介護福祉職が操作する場合は、フットサポートに両足が乗っていることを確認。
- ☐☐ 片麻痺の利用者が自走（自操）する際は、健側の足底が床につくようにする。
- ☐☐ 介護福祉職は両手を使って1台の車いすを押す。その際は、周囲の状況に注意し、利用者の状態を常に確認しつつ、ゆっくり進む。
- ☐☐ 停止時や移動開始時等、動作が変わるときには、利用者への声かけが必要。
- ☐☐ 停止時や車いすからトイレ等への移乗時は必ずブレーキをかける。
- ☐☐ 車いすをたたむときは、ブレーキをかけ、フットサポートを上げる。

■車いすの各部の名称

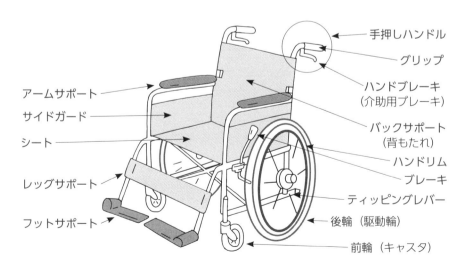

アームサポート
サイドガード
シート
レッグサポート
フットサポート

手押しハンドル
グリップ
ハンドブレーキ（介助用ブレーキ）
バックサポート（背もたれ）
ハンドリム
ブレーキ
ティッピングレバー
後輪（駆動輪）
前輪（キャスタ）

各場面に応じた主な留意点

- □□ 車いすから立ち上がる際や車いすへの乗降時には、フットサポートを必ず上げておく。フットサポートを下げたままの場合、車いすごと前方に転倒・転落したり、足がフットサポートにぶつかって負傷したりするおそれがある。

- □□ 坂道を上るときは、車いすが下がらないよう、しっかりと支えながら、前向きに押していく。下るときは、周囲、特に後方の状況を確認しながら、後ろ向きで下りる。

- □□ 砂利道や踏切、側溝等はできる限り回避。やむを得ず進む際は、ティッピングレバーを踏み、前輪を上げ、そのまま後輪のみで進む。

- □□ 段差（上り方）
  - ①ティッピングレバーを踏み、前輪を上げ、そのまま前向きで進む。
    - ※その際、車いすを段差に対して斜めではなく、段差に対して正面にまっすぐ向ける。
  - ②後輪が段にあたるまで進み、段上に前輪を乗せる。
  - ③グリップを持ち上げながら、段上に後輪を乗せていく。

- □□ 段差（下り方）
  - ①転落防止のため、必ず後ろ向きで後方を確認しつつ、後輪から段差を下りる。
  - ②ティッピングレバーを踏み、前輪を上げ、そのまま後ろに下がる。
  - ③フットサポートが段差にあたらない位置になったら、前輪を下ろす。

- □□ 自動車への乗車
  - ①ドアを開け、自動車に対して車いすを斜めにつけ、ブレーキをかける。
    - ※事故につながるため、ドアを片手で押さえながら介護を行わない。
  - ②頭部をぶつけないよう、前傾姿勢のまま、臀部を座席に移す。
    - ※片麻痺の利用者は、原則、健側から座席に移る。
  - ③両足を車内に入れる。

- □□ 電車の乗り降りの際は、ホームと電車をつなぐスロープを設置し、乗車時は前向き、降車時は後ろ向きで進む。

- □□ 車いすの場合、基本的にエレベーターを使用するが、やむを得ずエスカレーターを利用する際は、上りも下りも車いすを上り方向に向け、すぐに動けるように車いすのブレーキはかけない。

テーマ 7 ボディメカニクスと 移動・移乗介護

ボディメカニクス

□□ ボディメカニクスとは、**身体力学**に基づき、負担がかからないように身体を使うこと。主に移動・移乗介護の際に活用。

□□ 安定した姿勢で介護するため、足を肩幅に開く等、**支持基底面**※を広くとる。

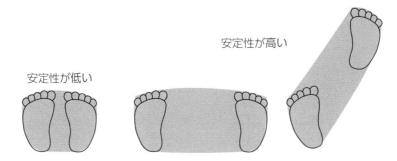

安定性が高い

安定性が低い

※支持基底面は、身体が床面に接している先端の部分を結んだ範囲。

□□ 膝を曲げる等、重心を低くし、できる限り利用者に重心を近づける。

□□ 腰痛予防等のため、身体をねじらず、身体と足先を移動方向に向ける。

□□ 摩擦を少なくして移動しやすくするため、利用者の身体を小さくまとめる。

□□ 指先や腕の力に頼るのではなく、**大腿四頭筋**等、**大きな筋群**を使う。

□□ 重力に逆らわないためにも、持ち上げず、水平に移動する。

□□ 前方に押すよりも、手前に引く。

移動・移乗介護の主な留意点

□□ 仰臥位（仰向け）から側臥位（左右どちらかを下側にした横向き）への支援

・両膝を立てる等、利用者の身体を小さくまとめる。

・膝頭と肩峰（肩関節の先端部）を支えながら、トルクの原理を活用して膝

→腰→肩の順に体位変換。

・片麻痺がある場合、健側が下側。患側を下にしない。

□□ 側臥位から端座位（ベッドの端に座った状態）への体位変換では、てこの原理を活用し、臀部を支点とし、弧を描くように介護福祉職のほうに引き寄せながら上半身を起こす。

□□ 片麻痺の利用者の端座位から立位への支援

・介護福祉職は麻痺側（患側）に位置。

・①浅く座ってもらう→②健側の足を引いてもらう→③膝折れしないよう患側の膝を介護福祉職が支えて保護→④前傾姿勢（前かがみ）をとってもらう→⑤立ち上がって体調確認。

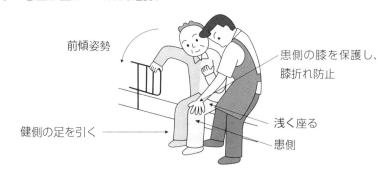

前傾姿勢

患側の膝を保護し、膝折れ防止

健側の足を引く

浅く座る

患側

□□ 片麻痺の利用者のベッドから車いすへの移乗介護

・移乗の目的を説明して同意を得た後、体調確認や車いすの点検を行う。

・健側の足を軸にして移乗するため、車いすを端座位になっている利用者の健側に置き、ベッドに対して斜めにつけ、ブレーキをかける。

※レッグサポートは外し、フットサポートは上げておく。

・利用者は浅く座り、健側の手でアームサポートを握り、前傾姿勢で車いすに移乗。このとき、介護福祉職は利用者の患側を保護。

患側　　健側

健側斜めに

降りるとき　　乗るとき

テーマ 8　杖歩行支援・ガイドヘルプと居住環境整備

片麻痺の利用者への歩行支援と主な留意点

□□ 杖の長さは、足先から前に 15cm、横に 15cm の位置に杖を立て、握ったときの肘の角度が 150°程度になる（肘を 30°程度曲げた）長さ、または床から大腿骨の大転子の位置までの長さ。

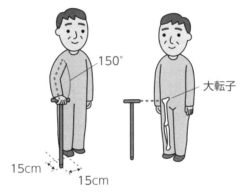

150°

大転子

15cm

15cm

□□ 片麻痺がある利用者は麻痺側（患側）斜め後方に倒れやすいため、介護福祉職は利用者の患側後方あるいは患側斜め後方に位置する。

□□ 3 動作歩行では、①杖→②患側の足→③健側の足の順に歩くよう声かけ。

□□ 2 動作歩行では、①杖・患側の足→②健側の足の順に歩くよう声かけ。

□□ 3 動作歩行よりも 2 動作歩行の方が速い。2 動作歩行よりも 3 動作歩行の方が安定している。

□□ 段差や溝を越える際は、①杖→②患側の足→③健側の足の順に出す。その際、杖は段差や溝の向こう側（奥）につき、段差や溝を越えた後は両足をそろえる。

□□ 階段の上りの場合、介護福祉職は利用者の患側（斜め）後方の一段下に位置し、利用者は①杖→②健側の足→③患側の足の順に出す。

□□ 階段の下りの場合は、介護福祉職は利用者の患側前方の一段下に位置し、利用者は①杖→②患側の足→③健側の足の順に出す。

※杖の代わりに手すりを健側の手でつかむ場合もある。

視覚障害者へのガイドヘルプの主な留意点

□□ 介護福祉職の肘の上を視覚障害者につかんでもらい、白杖（盲人安全杖）を持っているときは、その反対側で、視覚障害者よりも半歩前で誘導。

□□ 「これ」「それ」「あれ」「どれ」等の「こそあど言葉」でなく、具体的に説明する。

□□ 狭い所は視覚障害者が介護福祉職の真後ろに入り、一列になって移動。

□□ 階段の前ではいったん停止し、階段を上がるのか、下るのかを説明する。

□□ いすに座るときは、視覚障害者に座面と背もたれの位置を確認してもらう。

□□ バスや電車は介護福祉職が先に、自動車やタクシーは視覚障害者が先に乗る。

□□ 視覚障害者から一時離れる際は、柱や壁等、触れる物のある位置まで誘導。

□□ 視覚障害者用誘導ブロックには、危険箇所等を示す点状ブロック、進行方向を示す線状ブロック、駅のホーム側等を示す内方線付き点状ブロックがある。

□□ 電車を待つときは、視覚障害者用誘導ブロックよりも内側にいるよう誘導。

居住環境整備

□□ バリアフリーとは、高齢者や障害のある人が生活しづらくなるバリア（障壁）を除去すること。

□□ ユニバーサルデザインとは、年齢や障害の有無等に関係なく、誰もが使いやすいように配慮されたデザインやそうした考え方のこと。

□□ 廊下や階段には物は置かず、動線を確保。

□□ 歩く際に活用する廊下や階段の手すりの握りは、直径 32 ～ 36mm 程度。

□□ 階段の勾配を緩やかにする→一段の高さ（蹴上げ）は 110 ～ 160mm 程度、足をのせる板の奥行（踏面）は 300 ～ 330mm 程度が望ましい。

□□ 壁紙（クロス）と手すりは違う色とし、手すりが目立つようにする。

□□ 夜の移動の安全を図るため、足元灯（フットライト）を設置。

□□ 個人差もあるが、いすやベッド、浴槽の高さは足底が床につく 400mm 程度。

□□ 要介護者等に対して、介護保険制度対象の住宅改修を行った場合、20 万円を上限として負担割合に応じて改修費用の 9 ～ 7 割が支給（償還払い）。

□□ 介護保険制度の対象となる主な住宅改修は、①手すりの取り付け、②段差の解消、③滑りの防止のための床材の変更、④開き戸から引き戸への扉の取り替え、⑤和式便器から洋式便器への取り替え。

杖歩行支援・ガイドヘルプと居住環境整備

テーマ
9

車いすと移動・移乗を支援する福祉用具

車いすの種類

□□ 車いすを選ぶ際は、利用者の身体状況や利用目的等も考慮する。

例：ベッドから車いすへの移乗でスライディングボードを使う場合は、アームサポートが跳(は)ね上がるタイプか、取り外せるタイプの車いすを選択。

□□ 自走用標準型車いす…自走するためのハンドリムが装備。シートの幅は臀部(でんぶ)が無理なく入る余裕のあるものを選択。

自走用標準型車いす

□□ 介助用標準型車いす…ハンドリムはないため、手を使って自走（自操）はできない。後輪が小さく小回りが利く。

□□ リクライニング式車いす…背もたれの部分を後ろに倒せるため、四肢麻痺(ししまひ)で体幹(たいかん)を支える力がない、寝たきりの状態にある等、要介護状態が重い利用者が使用することが多い。急に身体を起こすと起立性低血圧が生じるおそれがある。その際は、背もたれを倒し、脳への血流を促す。

介助用標準型車いす

□□ ティルト式車いす…背もたれと座シートの角度をともに変えられるため、座位姿勢の調整がしやすい。

□□ 電動車いす…操作に慣れないと事故の危険性もある。踏切では線路に対して直角に進む。道路交通法では歩行者扱いのため、歩道を走行。使用にはバッテリーへの充電が必要。

ティルト式車いす

移動・移乗を支援する福祉用具

□□ スライディングボード…臀部の下に敷く必要はあるが、ベッドから車いす等の移乗時、持ち上げず、座ったままの状態で滑りながら移乗できるため負担が少ない。ベッドから車いすへの移乗の際は、ベッドの高さを車いすの座面よりも少し高くする。抜く際は、身体を傾け、臀部を少し浮かせる必要がある。

□□ スライディングシート（マット）…ベッド上の利用者の身体の下に敷いて滑らせることで、楽な力で利用者の移動や体位変換が可能。

□□ 移動用リフト…利用者を吊り上げて昇降・移動できるため、介護負担が軽減。ただし、設置・移動スペースが必要。介護保険制度において移動用リフト自体は福祉用具貸与、利用者の身体を包み込むつり具（スリングシート）は特定福祉用具販売の対象。

□□ 介護保険制度における福祉用具貸与の種目

・車いす（付属品含む）　・特殊寝台（付属品含む）　・床ずれ防止用具

・体位変換器　・工事を伴わない手すり　・工事を伴わないスロープ

・歩行器　・歩行補助杖　・認知症老人徘徊感知機器

・移動用リフト（つり具の部分を除く）　・自動排泄処理装置の本体部分

※ 2024（令和6）年度介護報酬改定で、固定用スロープ、歩行器（歩行車を除く）、単点杖（松葉杖を除く）、多点杖（多脚杖）について貸与と販売の選択制が導入される。

□□ 福祉用具を貸与（レンタル）する場合、その費用の1割（所得が一定以上ある場合は2割または3割）を自己負担。

ゴロ合わせ

福祉用具貸与

太陽の　あたる　車の　　手すりにもたれ
（貸与）　　　　　（車いす）（手すり）

りすと　　あいさつ　してる
（リフト）　（自動排泄処理装置）

テーマ
10

食事介護

食事の目的と準備・姿勢

□□ 食事の主な目的は栄養素の摂取による生命維持と生活上の楽しみ・交流。

□□ 寝たきりを防ぎ、生活の活性化を図るため、食事は寝る場所（寝室やベッド上）とは別の場所（食堂等）で摂る寝食分離が基本。

□□ 食事前に排泄を済ませる。

□□ 食事前に手洗いや清拭で手を清潔にする。

□□ 誤嚥予防のためにも座位での食事が基本。その際、いすは背もたれがあり、膝が90°に曲がり、足底が床にしっかりつく高さのものを使用。車いす座位の場合は、足をフットサポートから下ろして床につける。

□□ 腕を楽に動かすため、テーブルの高さは腕を乗せて肘が90°に曲がる程度。

□□ テーブルと身体の間は、握りこぶし1個分程度の隙間を空ける。

□□ 誤嚥予防のため、顎を軽く引き、やや前傾姿勢。

□□ 消化を助けるため、食後も30分程度は座位姿勢のままが望ましい。

利用者の状態に応じた食事介護の方法

□□ 片麻痺がある利用者の場合、麻痺側（患側）の口腔内に食べ物が残っていないか（食物残渣）を確認しつつ、健側から食事介護。

□□ 半側空間無視がある場合、半側（右または左）を無視していることに気づかず、料理の半側にあるものしか食べないことがある→声かけによる促しや食器の配置を工夫する（左半側空間無視の場合は、意識できる右側に配膳）。

□□ 慢性閉塞性肺疾患（COPD）がある場合、体力が消耗しやすい上、一気に食事すると胃が膨れ、横隔膜を圧迫し、呼吸しづらくなる→胃が膨らみやすい繊維質の多い芋類や炭酸飲料は控える。1回の食事量を減らし、回数を増やす。食事は高カロリーで良質のたんぱく質を多く摂取できる内容とする。

□□ 視覚障害がある場合、テーブルや食器に触れてもらいながら、料理の位置に

ついて**クロックポジション**※で説明・確認。

※クロックポジションでは時計盤になぞ
らえて料理の位置を説明する。ただし、
視覚障害がある利用者が時計をイメー
ジできない場合は用いることが困難。

領域II 食事介護

□□ 嚥下障害がある場合、覚醒状況を確認し、正しい食事姿勢で、誤嚥しやすい
食品を避け、プリンやゼリー等、嚥下しやすい食品を摂取する。

※細かく刻んだ食事は見た目が悪い上、食べた時に口の中でバラバラとなっ
て食塊形成しづらく、かえって誤嚥の危険性を高める。

誤嚥しやすい主な食品	具体例
繊維状の食品	ごぼう、たけのこ、もやし
水分を吸うスポンジ状の食品	パン、カステラ、凍り（高野）豆腐
口腔に粘着しやすい食品	餅、わかめ、海苔
かまぼこ状の食品	かまぼこ、ちくわ
滑りやすい食品	里芋、こんにゃく
サラサラした液体	水、お茶、ジュース、牛乳、汁物

□□ 摂食・嚥下の評価と訓練は、言語聴覚士が中心となって行う。

□□ 低栄養状態の予防・改善に向けた献立作成や栄養指導等は、管理栄養士が関
係職種と連携して栄養ケア・マネジメントを展開。

□□ 脱水症状の場合は、水分と電解質が必要となるため、経口補水液を摂取。

□□ 食べ物を喉に詰まらせた場合は、背部叩打法やハイムリック法を用いる。

背部叩打法

ハイムリック法

テーマ
11

口腔ケアと衣服の着脱介護

口腔ケアの目的と方法

□□ 口腔ケアは、虫歯（う歯）、歯周病、口腔粘膜疾患（口内炎等）、誤嚥性肺炎の予防に加え、唾液分泌の促進、口臭予防、食欲増進、生活リズム、対人関係の円滑化の面からも重要。

□□ 特に高齢者は唾液の分泌量が減り、口の中が乾燥して自浄作用が低下し、細菌が繁殖しやすいため、口腔体操や唾液腺マッサージに加え、口腔ケアの仕上げとして清潔な状態での保湿剤の使用も有効。

　※経管栄養を実施している利用者：咀嚼の機会がない→唾液の分泌量が減少
　　→口腔内に細菌が繁殖→誤嚥性肺炎の危険性→それを防ぐためにも、口腔ケアを実施する。

□□ 水や洗口剤等によるブクブクうがい（洗口）。

・口腔内の食物残渣を除去するため、ブラッシング前に実施。

・誤嚥に注意。口腔ケアは座位姿勢で行う。やむを得ずベッド上で行う場合は、できる限りベッドをギャッジアップし、上体を起こす。

・ベッド上で洗口を行う場合は、ガーグルベースンを使用。

ガーグルベースン

□□ 歯ブラシや歯間ブラシ等による歯のブラッシング。

・鉛筆を持つような持ち方（ペングリップ）で、軽い力で小刻みに動かし、洗口だけでは除去できない歯垢（プラーク）を除去。

・毛が硬い歯ブラシを使用すると、歯肉（歯茎）を傷つけるおそれがある。

・手に力が入りにくい場合は、柄が太いブラシを使用。

□□ スポンジブラシ等による口腔粘膜や舌の清掃。

・誤嚥予防のため、スポンジブラシの水分はよく絞ってから使用。

・舌苔は、スポンジブラシや舌ブラシ等を用い、奥から手前に向かって、軽い力で舌の表面（味蕾細胞）を傷つけないよう少しずつ除去。

義歯の役割と取り扱い方法

- ☐☐ 義歯（入れ歯）は摂食・嚥下や発音の働きだけでなく、顔つきを整える審美性の役割もあるため、口腔ケア時と就寝時以外は装着。
- ☐☐ 食欲低下の原因の１つに義歯の不具合もあるため、定期的な歯科受診が必要。
- ☐☐ 義歯の種類

クラスプ

全部床義歯（総義歯）　　　部分床義歯（部分義歯）

- ☐☐ 全部床義歯は、下の歯（下顎用の義歯）→上の歯（上顎用の義歯）の順に取り外し、上の歯（上顎用の義歯）→下の歯（下顎用の義歯）の順に装着。
- ☐☐ 義歯の後方を上げたり、下げたりして義歯を取り外す。全部床義歯（総義歯）を装着する際は、義歯を横に半回転くらいさせながら口腔内に入れる。
- ☐☐ 毎食後、義歯を外し、義歯専用ブラシを用いて流水で洗浄する。
- ☐☐ クラスプをかける部分は汚れが残りやすいため、より丁寧に洗浄。
- ☐☐ 就寝時は、乾燥による変形を防ぐため、義歯全体を清潔な水に漬けたり、除菌消臭効果のあるつけ置きタイプの洗浄剤を使ったりして保管。
- ☐☐ 義歯の変形や摩耗を防ぐため、研磨剤が入った歯磨き剤や熱湯は使用禁止。

衣服の着脱介護

- ☐☐ 衣服は利用者が選択できるように支援。その際、利用者自身の好み（色、柄、素材）、着心地の良さ、使い勝手を重視。
- ☐☐ 片麻痺がある場合、健側から脱ぎ、患側から着る「脱健着患」が原則。
- ☐☐ 臥床したまま前開きの衣服を交換する際は、健側上肢が脱ぎやすいよう、あらかじめ患側上肢の肩口を広げておく。
- ☐☐ タオルケットで肌の露出を防ぐ等、プライバシーや羞恥心に配慮。
- ☐☐ 認知症の見当識障害がある場合、熱中症や脱水にならないように注意。状況を見ながらコミュニケーションを図り、着替えを促す。
- ☐☐ 高次脳機能障害等で着衣失行がある場合、着衣の手順を示したメモを渡し、それを見ながら介護福祉職が一緒に一つずつ着衣に向けた動作を確認。

テーマ 12 入浴介護

入浴の目的と作用

□□ 入浴の主な目的は、①清潔保持、②皮膚疾患や感染症の早期発見と予防、③血行促進や新陳代謝の向上と疲労回復、④リラックス効果、⑤コミュニケーションの機会等。

□□ 入浴の作用

①お湯が身体を温め、血液循環や新陳代謝を促進させる…温熱作用

②お湯の深さに応じて水圧が身体にかかる…静水圧作用

③お湯の浮力によって体重が軽くなる…浮力作用

入浴場面ごとの主な留意点

入浴前	・空腹時や食後１時間以内は避ける。入浴前の水分補給も重要。 ・体調やバイタルサイン（呼吸・体温・脈拍・血圧等）、皮膚の状態を確認。 ・居室・脱衣室・浴室の温度差を小さくし、ヒートショックを予防。 ・お湯の温度は 38 〜 40℃程度。必ず介護福祉職の上肢で確認。
入浴中	・シャワーチェアや移乗台を使うときは浴槽と同じ高さに調節。 ・利用者の末梢（足元や手先）から中枢（心臓）に向かって洗う。 ・プライバシー保護の観点から利用者が陰部を洗う時は、介護福祉職は背部に立って見守る。 ・手すりや滑り止めマット等を活用し、転倒防止を図る。 ・入浴時間は 10 〜 15 分程度、実際にお湯につかる時間は 5 分程度。
入浴後	・湯冷めを防ぐためにも、水気はすぐによく拭き取る。 　※皮膚についた水滴が蒸発する際に身体の熱を奪う（気化熱）。 ・発汗で体内の水分が減るため、水分補給により脱水を防ぐ。 ・体調確認を行うとともに保温に努める。

利用者の状態に応じた入浴の主な留意点

利用者の状態	主な留意点
片麻痺のある利用者 (かたまひ)	・かけ湯は健側で行う。浴槽には健側から入り、介護福祉職は患側（麻痺側）を保護。浴槽内から立ち上がる際は、健側の膝を立て、健側の踵を臀部に引き寄せる。 ・洗える部分は利用者自身が行い、健側等、洗いにくい部分は介護福祉職が支援。
高齢で高血圧・心疾患のある利用者	・入浴は事故が起こりやすく、特に65歳以上の家庭内事故死の原因では溺死が第1位。 ・特に冬期は急激な温度の変化によって血圧が急激に上がる等、身体に負担をかけるヒートショックが発生しやすい。 ・ヒートショックは脳卒中や心筋梗塞等につながるおそれもあるため、居室、脱衣室、浴室内の温度差を小さくする。 ・熱い湯 (42℃程度以上) は血圧が上昇するため、ぬるめ (38～40℃程度) の湯で入浴。 ・お湯に肩までつかると静水圧作用で心臓への負担が増すため、浴槽内の水位を心臓より低くして入浴（半身浴）。
皮膚の乾燥等でかゆみが生じる老人性皮膚掻痒症のある利用者 (ろうじんせいひふそうようしょう)	・熱い湯を避け、ぬるめの湯で入浴。 ・ナイロンタオルで洗うと皮膚を守る皮脂が取り除かれすぎるため、柔らかいタオル等で優しく洗う。 ・石鹸は弱酸性のものを使用。
人工肛門（消化管ストーマ）のある利用者 (じんこうこうもん)	・パウチ（ストーマ袋）を外したままでも入浴はできるが、公衆浴場では装着。 ・回腸ストーマでは、水様便が出やすいため、食前に入浴。 ※入浴前や外出前、就寝前にはパウチが空となるよう、溜まっていた便を捨てる。ストーマ装具の交換は便が出やすい食後は避け、起床直後や食事前に行う。
血液透析を受けている利用者 (とうせき)	・血液透析を行った後は、入浴しない。 ※血液透析後は、血圧が低くてふらついたり、シャント穿刺部から出血や感染を引き起こしたりするおそれもある。 ・掻痒感が出やすいが、柔らかいタオルで優しく洗う。

テーマ 13 清潔保持の介護と医療関係者との連携

身体の部分別の清潔保持とその留意点

☐☐ シャワー浴は身体的な負担が少ないので、心臓疾患等のため、入浴ができない場合に実施。シャワーは末梢（足部）から中枢（心臓）に向けていく。

☐☐ シャワーをかける前に、まず介護福祉職が自らの前腕内側で湯温を確認。

☐☐ ベッド上での洗髪は、ベッドの対角線上または中央に利用者の身体を移動させる。姿勢の安定のため、両下肢の膝を曲げクッション等を挿入する。

☐☐ 洗髪の際は、髪の生え際から頭頂部に向けて指の腹を使って洗う。

☐☐ ベッド上での洗髪では、シャンプーの泡が目に入らないよう、すすぐ前にタオルで余分な泡を拭き取る。

☐☐ 火傷を防ぐため、ドライヤーは頭皮から 20cm 程度離し、常に動かしながら使う。

☐☐ 手浴・足浴には清潔保持のほか、体力の消耗が少ないこと、血行促進、痛み等の緩和、入眠効果等がある。洗う際は、手関節や足関節を支える。

☐☐ たまった耳垢（耳あか）を掃除する際は綿棒を使用し、外耳道の入口から 1cm 程度以内まで入れる。その際、耳介を上後方に引くと奥まで見えやすくなる。ただし耳垢塞栓の除去は医行為となるため、介護福祉職は行えない。

☐☐ 高齢者は爪が割れやすいため、入浴後等、爪が柔らかいときに少しずつ切る。

☐☐ 爪切り後は、やすりをかけて滑らかにする。

☐☐ 巻き爪、陥入爪、周囲の皮膚に腫れ・傷がある場合や糖尿病で専門的なケアが必要な場合等の爪切りは医行為となるため、介護福祉職は行えない。

☐☐ 巻き爪や感染症の原因となるため、深爪やバイアス切りにしない。

☐☐ 足の爪は四角い形で両端を丸く整えたスクエアオフがよい。

○ スクエアオフ

× 深爪

× バイアス切り

清拭による清潔保持

□□ 清拭は、体調不良等の理由で入浴やシャワー浴ができない場合に蒸しタオルで身体を拭くことで清潔保持や血行促進、新陳代謝の向上、爽快感を得られることのほか、褥瘡や筋萎縮を予防する効果も期待できる。

□□ 清拭の種類は、①全身を拭く全身清拭、②身体の一部を拭く部分清拭、③陰部を拭く陰部清拭→感染防止のため、手袋を着用。

□□ 全身清拭は時間がかかり、体力を消耗しやすい→体力が低下している利用者の場合は、一度に全身清拭を行うのではなく、数日に分けて部分清拭を実施して全身の清潔保持を図る。

□□ 排便がなくても、臀部と陰部の清拭は毎日行う。

□□ 入浴時よりも熱めの湯（55～60℃程度）を洗面器に入れる。

□□ 用意したお湯にタオルを浸してしぼった蒸しタオルを使い、末梢から中枢、上部から下部に向かって拭く。

□□ 顔（目から拭く。目元は、目頭から目尻に向けて拭く）→上肢・腋窩→胸部・腹部→下肢→背部・腰部→臀部・陰部の順に拭くことが多い。

　　※清拭の際は、タオルの同じ箇所で拭き続けるのではなく、タオルの面を換えたり、新しいタオルに交換したりする。

□□ 腹部は、上行結腸→横行結腸→下行結腸→S状結腸の流れに沿うよう「の」の字を描くように拭く。

□□ 気化熱による体温低下を防ぐため、乾いたタオルで水分をしっかり拭き取る。

□□ 側臥位で背中を拭く際は、健側を下にする。

□□ 不必要な露出を避け、タオルで身体を覆う等、保温に努める。

医療関係職との連携

□□ 入浴や清潔保持の場は、ヒートショックによる脳血管疾患や心疾患の発生、転倒による骨折等、事故が生じやすい場でもある。場合によっては生命に関わる重大な事態を招くため、医師や看護師等の医療関係職との連携が重要。

□□ 酸素療法（在宅の場合は在宅酸素療法：HOT）を受けている利用者が入浴する場合は、鼻カニューレを外さず、つけたまま入浴。その際は、酸素供給器に水がかからないように注意し、医師の指示に基づく酸素量を流す。

テーマ 14　排泄介護

排泄の仕組みと排泄介護の基本

☐☐ 腎臓→尿管→膀胱の順に尿が送られ、成人の場合、膀胱内に尿が150～200ml程度溜まると尿意を感じて排尿（1日1,000～2,000ml程度）。

☐☐ 頻尿とは、朝起きてから就寝までの排尿回数が8回以上あること。高齢者の場合、夜間の排尿回数が増える夜間頻尿になりやすく、安眠の妨げとなる。

☐☐ 尿閉とは、膀胱内に尿が溜まっても排出できない状態。

☐☐ 食物は胃で消化→小腸で栄養吸収→大腸で水分吸収という流れをたどって便となり、腸の蠕動運動で最終的に直腸に送られ、便意を感じて排便。

☐☐ 水分等を摂取して胃を刺激し、大腸が蠕動運動を始め、便を直腸へと送り出す胃・結腸反射は、睡眠の後の朝食後に特に起こりやすい。

☐☐ 排泄介護の主な留意点

　①カーテンを閉める等、プライバシーを守り、羞恥心と自尊心に配慮。
　　弄便があったとしても、それだけでつなぎ服を着せることは身体拘束となる。

　②いつでも快く応じ、利用者を待たせない。

　③清潔保持と感染予防。

　④できる限り自然な排泄が、自分の力でできるように支援（自立支援）。

　・座位保持ができれば、腹圧がかかりやすい座位での排泄が望ましい。

　・ベッド上の場合、ギャッジアップして上体を起こす。

☐☐ 前立腺肥大等によって自力での排尿が困難になった場合は、膀胱留置カテーテルを使用。その際、男性は陰茎を上向きにして下腹部でカテーテルを固定、女性は大腿部に貼り付けて固定。

☐☐ 自己導尿の際も座位姿勢で行うのが基本。

☐☐ カテーテルは尿路感染症を起こしやすいため、尿道口周辺の清潔保持に加え、水分を十分に摂取して尿量を多くし、自浄作用を促すことが重要。

☐☐ 逆流防止のため、採尿バッグは膀胱よりも低い位置に置く。尿の詰まりを防ぐため、カテーテルが折れていないことを確認。

尿失禁

□□ 失禁とは、自分の意思に関係なく、不随意に尿や便が出ること。

□□ 尿失禁を繰り返す場合でもすぐにはおむつを使用せず、まずは原因を把握。

■ 尿失禁の種類・特徴と対策

種類	特徴と対策
腹圧性尿失禁	・咳やくしゃみ等、腹部に力が入ったときに漏れる。 ・骨盤底筋群の筋力が低下しやすい高齢の女性に多い→失禁対策として骨盤底筋体操が有効。
切迫性尿失禁	・突然強い尿意を感じ、我慢できない→膀胱訓練が有効。 ・高齢者や女性に多い。
反射性尿失禁	・脊髄損傷等の神経障害によって、膀胱内に尿が溜まったことを脳が感知できず、結果的に尿意を感じられないまま、排尿反射が起きて漏れてしまう。
溢流性尿失禁	・尿意を感じ、しっかり排尿したいにもかかわらず、それができず、溜まった尿が少しずつ漏れ出てしまう。 ・男性の場合、前立腺肥大症が進行して発生することが多い。
機能性尿失禁	・身体機能低下の場合：歩行の衰えでトイレに間に合わない、手指の巧緻性の低下でズボンをおろすのに時間がかかる等の理由で漏れてしまう→トイレと居室の位置を近くにする、ポータブルトイレを使用、手すりを設置、足上げ運動、ズボンのゴムひもを緩いものに変える等が有効 ・認知機能低下の場合：トイレの場所がわからずに間に合わない→トイレ誘導、夜間はトイレの照明をつける、表示・目印の活用等が有効

ゴロ合わせ

機能性尿失禁・溢流性尿失禁

昨日の	家庭科の	先生は人気。	いつも	全力！
（機能性）（身体機能低下）		（認知症）	（溢流性）	（前立腺肥大症）

テーマ 15 トイレ・ポータブルトイレでの排泄介護

トイレでの排泄介護

- □□ 尿意・便意があり、歩行や車いすでトイレまで移動できれば、トイレを使用。
- □□ 寝室はトイレに近い場所にする。
- □□ 足腰が衰える高齢者等の立ち上がりを考え、和式便器ではなく、洋式便器を使用。
- □□ トイレのドアは引き戸が望ましい。引き戸にできない場合は内開きではなく外開き。
- □□ 車いすが通過できるよう出入口の幅は900mm以上とし、移乗介護がスムーズに行えるよう、トイレの前方と側方にそれぞれ1,000mm程度以上のスペースを確保することが望ましい。
- □□ 背もたれに寄りかかるように座ると腹圧をかけにくい→足底を床につけて便座に座り、前傾姿勢をとれば、腹圧がかかり、排便しやすくなる。
- □□ 立ち上がりや座位姿勢の際に役立つL型手すりを健側前方に設置する。しっかりと握れるよう、直径は細めの28～32mm程度とする。
- □□ 排泄後は、便座から立ち上がる前に、下着とズボンを大腿部まで上げておく。

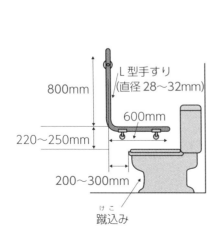

800mm
L型手すり
(直径28～32mm)
600mm
220～250mm
200～300mm
蹴込み

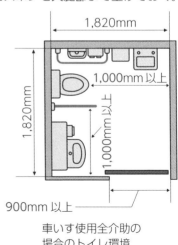

1,820mm
1,000mm以上
1,820mm
1,000mm以上
900mm以上

車いす使用全介助の場合のトイレ環境

ポータブルトイレでの排泄介護

□□ 尿意・便意はあるが、トイレまでの移動が困難で間に合わない場合等は、ポータブルトイレを使用。

□□ ポータブルトイレは高さ調整可能で、足を引けるスペース（蹴込み）があるタイプを選ぶ。

□□ 移乗しやすいよう、事前にベッドとポータブルトイレを同じ高さに調整。

□□ ポータブルトイレは、利用者の足元に置くのが一般的。
　※片麻痺の場合、ポータブルトイレは利用者が臥床時の健側の足元に置く。
　　例：右片麻痺の場合、ベッド左側の足元に設置。

□□ 足元に新聞紙を敷くとつまずきや滑りの原因となる→敷くのであれば、専用の滑り止めマットがよい。

□□ 介助バーを設置することで、安定した移乗が行いやすくなる。

□□ ポータブルトイレに移乗後、座位姿勢の安定を確認。

□□ 不必要な露出を避けるため、腹部から膝にバスタオルをかける。

□□ 後始末（排泄物の処理）は、その都度、介護福祉職が行う。

□□ 多種多様な種類があるため、利用者の意向を尊重しながら選ぶ。掃除のしやすさも選定する上で重要。

□□ 工事を伴わずに和式便器を洋式便器に替えたい場合は、和式便器の上に据置式便座をかぶせる。

□□ 関節リウマチや関節痛、膝の関節可動域（ROM）制限のある場合、便座の高さを上げた方が立ち座り動作を行いやすくなるため、補高便座や立ち上がり補助便座を使用するとよい。

□□ ポータブルトイレ、据置式便座、補高便座、立ち上がり補助便座は腰掛便座として、介護保険制度における特定福祉用具販売の対象となる。

領域Ⅱ

トイレ・ポータブルトイレでの排泄介護

ポータブルトイレ

据置式便座

補高便座

立ち上がり補助便座

テーマ 16

尿器・差し込み便器を用いた排泄介護とおむつ交換

尿器・差し込み便器を用いた排泄介護（はいせつかいご）

- □□ 尿意・便意はあるが、トイレやポータブルトイレでの排泄が困難な場合は、利用者の同意を得て、ベッド上で尿器や差し込み便器を使用。
- □□ 尿器は**男女**で形が異なり、男性は**側臥位**（そくがい）の方が使いやすく、女性は**仰臥位**（ぎょうがい）で使用。

尿器（女性用）

尿器（男性用）

差し込み便器（共用）

- □□ 排便または女性の使用時は、腹圧をかけやすくするため、ベッドをギャッジアップして上体を少し起こし、膝をある程度曲げるようにする。
- □□ 臀部（でんぶ）に便が跳ね返るのを防ぎ、後始末しやすくするため、事前に差し込み便器の中に**トイレットペーパー**を敷（は）いておく。
- □□ 差し込み便器は、仙骨部にあてないよう、肛門部（こうもん）が便器の中央に位置するよう調整。
- □□ 自動排泄処理装置（じどうはいせつしょりそうち）は、センサーが排尿・排便を感知し、自動的に吸引等を行う福祉用具。夜間の排泄介護における家族の介護負担の軽減に役立つ。
- □□ 特定福祉用具販売では、同じ年度内（4月から翌3月）につき 10 万円を上限として特定福祉用具の購入にかかった費用の9～7割が特定福祉用具購入費として支給（償還払い（しょうかん））。
- □□ 特定福祉用具販売の対象となる福祉用具は、①腰掛便座（こしかけ）、②自動排泄処理装置の交換可能部分、③排泄予測支援機器、④入浴補助用具、⑤簡易浴槽（よくそう）、⑥移動用リフトの吊り具（つ　ぐ）の部分。直接、身体に触れる排泄や入浴の際に用いるため、貸与（たいよ）（レンタル）には適さない福祉用具が対象。

おむつ交換

- □□ おむつの安易な使用によって尿意や便意を感じなくなったり、寝たきりの状態になったり、意欲低下やうつ状態を引き起こしたりするおそれもある。
- □□ 羞恥心に配慮し、特に多床室（2人部屋・4人部屋）では「おむつを替える」等の直接的な表現は慎む。
- □□ おむつを使用する際は、利用者の同意を得た上で、利用者個々の排泄パターン（排泄間隔）を把握し、汚れたおむつを早く交換して尿かぶれ等を防止。
- □□ カーテンを引き、バスタオルを使って身体の露出を少なくする等、プライバシーを保護。
- □□ 介護福祉職は素手ではなく、プラスチックグローブ等の使い捨て手袋を着用。
- □□ 片麻痺がある場合、可能な限り患側（麻痺側）が下にならないようにする。
- □□ 汚れたおむつは、汚れている部分を内側に丸め、決められた場所に処分。
- □□ 下痢が続いている利用者の排泄物は、感染源として厳重に取り扱う。感染が広がらないように、手袋・マスクを着用し、排泄物はビニール袋に密封して処理。周囲を次亜塩素酸ナトリウムで消毒。
- □□ 入浴ができない場合やおむつを使用している場合等に陰部洗浄を実施。
  - ・38 ～ 39℃程度のぬるま湯（微温湯）を使用（介護福祉職の前腕内側で温度確認）。
  - ・感染予防のため、女性は恥骨部から肛門部に向けて拭く。
  - ・洗浄後はこすらず、押し当てるように拭く（蒸しタオルはやけどの危険があるため、使用しない）。
- □□ 紙おむつの上端は、利用者のウエストに合わせる。
- □□ 紙おむつの装着方法は、下のテープを斜め上に、上のテープを斜め下に向かって、腰前面4か所で留める。
- □□ 圧迫感を防ぐため、おむつと腹部の間には指2本分程度の余裕を持たせる。
  ※人工肛門の場合、パウチの上からおむつを強く巻くと便がパウチにうまく落ちなかったり、ストーマを損傷させたりするおそれがある。
- □□ 尿漏れを防ぐ堤防の役割を果たすよう、立体ギャザーは外側に起こす。
- □□ 足の動きを妨げないため、鼠径部をきつく締めすぎない。
- □□ おむつ交換では、尿量や便の量・色・かたさ等に加え、皮膚の状態を観察。発赤等を確認した際は、医師や看護師に報告。

テーマ
17

下痢と便秘

下痢の症状・原因と主な留意点

□□ 下痢とは、ブリストル便形状スケールでいう水様便のように普通便に比べて軟らかく、水分を多く含む便が何度も排出される状態。

□□ 下痢の原因には、①腸管の感染症、②脂肪分の多い食事の多量摂取による消化不良、③服薬の副作用や下剤の過剰使用、④過敏性腸症候群※等の疾病、⑤精神的なストレス等がある。

　※過敏性腸症候群とは、腸に病気がないにもかかわらず、下痢や便秘、腹痛等の症状が数か月以上継続して起きるもので、20〜40歳代に多い。

□□ 下痢→脱水→意識障害の順に症状が悪化するため、自宅で数日前から下痢を繰り返している場合、まずは、その利用者の意識の状態の確認を優先する。

□□ 下痢による脱水症状を予防するため、1日1,500ml程度の水分を摂取。冷たすぎる水や牛乳、炭酸飲料等は避け、白湯やスポーツドリンク等を摂取。

便秘の症状・原因と主な留意点

□□ 便秘の症状は、お腹に張りを感じる腹部膨満感、頭痛、食欲不振等。

□□ 便秘の原因には、①運動不足や寝たきり等による筋力低下、②服薬の副作用や下剤の過剰使用、③大腸がん等の疾病、④精神的なストレス等がある。

□□ 3日以上排便がなく、便秘が続く場合、医師に報告して指示を受ける。

□□ 下剤を用いる場合、腸を刺激する刺激性の下剤を毎日使用すると、徐々に効き目がなくなってしまう→医師や薬剤師と相談し、その利用者の状態に適した下剤の種類・使用方法を守る。

□□ 摘便は医行為のため行えないが、浣腸は状況に応じて介護福祉職も実施可能。ただし、浣腸液を注入しても排便がない等の異常がある場合は実施できない。その際は速やかに医師に報告。

□□ 浣腸液は39〜40℃に温め、注入する時は側臥位をとる。その際、すばや

く注入すると浣腸液だけが排泄されてしまうので注意。

□□ 便秘の予防には、①適度な運動、②大腸の走行に沿うように上行結腸→横行結腸→下行結腸→S状結腸の順に「の」の字を描くようなマッサージ、③毎朝、トイレに座るといった排便習慣、④乳酸菌や食物繊維（ごぼう、海藻類、きのこ類等）の多い食事、十分な水分摂取、滑腸作用を促す油（オリーブオイル等）の摂取、⑤胃・結腸反射を促すために朝食を抜かないこと、⑥腹部を温罨法で温めること等が有効。

□□ 座位姿勢がとれる場合は、腹圧をかけやすくするため、トイレやポータブルトイレにやや前傾姿勢で座る。

■ 便秘の種類

種類		原因等
機能性便秘⇒大腸の働きの異常で発生	弛緩性便秘	・大腸の蠕動運動の低下や便を排出する腹筋等の筋力低下が原因で発生。 ・高齢者や出産回数の多い女性に多い。
	痙攣性便秘	・精神的なストレスや環境の変化等、自律神経のバランスが崩れて発生。 ・副交感神経の過緊張により、交感神経が活発となる→大腸の運動が不安定になり、便の通りが悪く、ウサギの糞のように少量のコロコロした便となる。 ・便秘と下痢を繰り返す場合もある。
	直腸性便秘	・直腸に便が停滞して発生。 ・便が直腸に達すると便意が生じるが、その便意を我慢してトイレに行かないこと等が度重なると、便が直腸に入っても排便反射が起こらなくなってしまう。 ・高齢者、特に寝たきり状態の利用者に多い。
器質性便秘⇒大腸自体の病気や大腸の長さや大きさの異常が原因で発生		・大腸がん、イレウス（腸閉塞）等が原因で発生。 ・血便、激しい腹痛、嘔吐等がある場合、速やかに医師による診察と治療を受ける。

テーマ 18　家事の生活支援

家計管理

□□ 可処分所得とは、給与や年金等の実収入から支払い義務がある税金や社会保険料等の非消費支出を差し引いた残りの収入のこと。

□□ エンゲル係数とは、一世帯ごとの家計の消費支出に占める食料費の割合（％）。
※エンゲル係数が高いほど生活水準が低いとされる。

□□ 「オレだよ。オレ！」と電話をかけてきて、「事故にあったから、お金を振り込んで！」というオレオレ詐欺は振り込め詐欺の一種→1人で対応せず、家族や警察等に相談。

□□ クーリング・オフとは、訪問販売や電話勧誘販売、連鎖販売取引（マルチ商法）等で契約しても契約日から一定期間（内容によって8日間以内または20日間以内）であれば無条件で契約の解除ができる制度。店舗での販売や通信販売は原則、対象外。消費生活センターで相談に応じている。

■悪質商法と対処法

催眠商法 （SF商法）	販売会場で初めのうちは無料で日用品等を配って会場を盛り上げさせ、「もらわないと損だ」という心理（催眠状態）にさせた上で、高額な商品を買わせようとする商法→安易に販売会場には出向かない。
利殖商法	「お金を増やしたい」という人々の願望につけ込み、未公開株や社債、外国通貨等の取引を装って「元本保証」「値上がり確実」等で勧誘し、購入代金をだまし取る商法→必ず儲かる投資はないため、はっきりと断わる。
点検商法	業者を装い、屋根・床下・水道等を「無料で点検」と訪問し、「このまま放っておくと危険」等と不安をあおる言葉をかけ、不当な工事契約や商品購入を迫る商法→ドア越しに「お断りします」と伝え、家の中には入れない。

	水洗い	ドライクリーニング
特徴	水溶性の汚れを落とす。	油性の汚れを落とす。
主な汚れ	汗、血液、尿、コーヒー	チョコレート、口紅、クレヨン※

※油性のしみ抜きは、ベンジンをつけ、しみを布にうつし、洗剤で洗う。

■ 洗濯表示（JIS L0001：2014）

家庭洗濯

液温 30℃限度 洗濯機（標準）	液温 30℃限度 洗濯機（弱い）	液温 30℃限度 洗濯機 （非常に弱い）	液温 40℃限度 手洗い

漂白

漂白 OK	酸素系 OK・塩素系 NG	漂白 NG

自然乾燥 ┬ 日なた

つり干し	濡れつり干し	平干し	濡れ平干し

└ 日陰

□□ 衣服にほころびがあるときは、修理してから洗濯する。

□□ ファスナーやマジックテープは閉めた状態で洗濯する。

□□ ノロウイルスによる感染症予防では、ノロウイルスが飛び散らないように嘔吐物を拭き取り、次亜塩素酸ナトリウムの希釈液に浸し、85℃以上で1分間以上の熱水洗濯を行う。

□□ 弱アルカリ性洗剤は綿や麻、中性洗剤は毛や絹に適している。毛や絹等の動物繊維はアルカリに弱い。

□□ 漂白剤には酸化型漂白剤と還元型漂白剤がある。酸化型のうち塩素系漂白剤は除菌効果があるが、毛や絹、色柄物には使用できない。

□□ 塩素系漂白剤と酸性の洗剤等を混ぜてはならない。混ぜると有毒な塩素ガスを発生させるため、塩素系漂白剤には「まぜるな危険」の表示を義務付け。

領域Ⅱ 家事の生活支援

食生活と栄養素

食事バランスと栄養素

- □□ 食事は、主食（ご飯等）、主菜（焼き魚等）、副菜（煮物等）、汁物等から構成され、全体としてバランス良く必要な栄養を摂取する必要がある。
- □□ 「歩くのが遅くなり、疲れやすくなった」等、筋肉量の減少が疑われる場合は、肉・魚・卵・大豆等を含む主菜の摂取を勧める。

■三大栄養素と五大栄養素

栄養素		主な食品	主な役割
五大栄養素	三大栄養素 炭水化物	ご飯、パン、麺	エネルギーの形成 糖質と食物繊維に大別
	脂質	バター、植物油	エネルギーの形成、身体組織の構成
	たんぱく質	卵、豆、魚、肉	肉や血液等、身体組織の形成 ※特に高齢者は魚や卵、大豆等、良質なたんぱく質の摂取が重要
	ビタミン	野菜、果物	身体の機能調整
	無機質	牛乳、海藻	身体組織の形成、身体の機能調整

■食物繊維と便秘予防

種類	特徴	主な働き	主な食品	
不溶性食物繊維	水に溶けにくい	大腸の蠕動運動を促す 便の量を増やす	キャベツ、ほうれん草、大豆	ごぼう、にんじん、なめこ、プルーン、キウイフルーツ
水溶性食物繊維	水に溶ける	便を軟らかくする 便の滑りを良くする	わかめ、ひじき、大麦	

□□ 食事バランスガイドは、1日に「何を」「どれだけ」食べればよいかの目安をSV（サービング）で表示。

例：主菜3～5つ（SV）→肉・魚・卵・大豆料理から3皿程度

□□ 食物繊維の主な効果は、①血中コレステロール値を下げる、②血糖値の上昇を抑える、③糖尿病の予防、④大腸の蠕動運動の促進、⑤便秘の予防。

ビタミンの種類と働き

種類	主な働き	主な食品	不足すると起きる欠乏症の例
ビタミンA	視力調整	卵黄、レバー、うなぎ、カボチャ、モロヘイヤ	夜盲症＝暗い場所で目が見えづらくなる症状
ビタミンD	骨を形成するカルシウムの吸収促進	卵黄、干ししいたけ、さんま、いわし、乳製品　※日光浴でも増える	骨粗鬆症　くる病＝骨が弱いため、骨格異常等を引き起こす病気
ビタミンK	止血作用や骨の強化	納豆、海藻、ほうれん草、ブロッコリー	血液凝固不良
ビタミンB$_1$	疲労回復	豚肉、うなぎ、豆類、卵黄、玄米	脚気＝倦怠感や手足の浮腫、しびれ等の症状
ビタミンB$_2$	皮膚や粘膜の健康維持	レバー、牛乳、卵、納豆、うなぎ	口唇炎、口角炎
ビタミンC	鉄分の吸収や免疫機能の向上	果物（みかん等）、芋類、ブロッコリー	壊血病＝貧血や歯肉出血、皮下出血等の症状

ゴロ合わせ

ビタミンK・骨の強化

けいちゃん、今日からなっとくするまで練習
（ビタミンK）　（骨の強化）（納豆）　　　（ほうれん草）

テーマ
20

食事療養と食中毒

高齢者や食事療法が必要な人に対する食事

対象	食事に関する主な留意点
高齢者	・低栄養防止のため、十分な栄養を摂取 ・便秘（べんぴ）防止のため、食物繊維（せんい）を摂取 ・骨粗鬆症（こつそしょうしょう）予防のため、**カルシウム**（例：牛乳、乳製品、小魚）、ビタミンD、ビタミンKを多く摂取
逆流性食道炎のある人	・胃酸の分泌（ぶんぴつ）の増加を抑えるため、**脂肪**（しぼう）を多く含む食品や酸味の強い果物（くだもの）等は過剰に摂取しない ・1回の食事は回数を分けて少量ずつ食べるようにする
糖尿病のある人	・医師の指示に基づく**カロリー**（エネルギー摂取）制限 ・インスリン療法を受けている場合、食事量が減少すると**低血糖**となって冷（ひ）や汗（あせ）や動悸（どうき）等が生じるおそれがある
高血圧症のある人	・塩分を抑制→1日6g未満（日本高血圧学会） ・ナトリウムを排出する**カリウム**（例：バナナ、夏みかん、ほうれん草）を多く摂取
心臓機能障害のある人	・塩分、水分を抑制 ・便秘予防のため、食物繊維を多く摂取
腎機能障害のある（人工透析（とうせき）を受けている）人	・塩分、たんぱく質（肉や魚等）、水分、カリウム（生野菜や果物等）、リン（乳製品等）を制限。ただし、野菜は茹（ゆ）でるとカリウム量を減らせるため、温（おん）野菜の摂取を勧める。 ・植物油等の脂質やご飯等の炭水化物、蜂蜜（はちみつ）等の糖質を摂取し、必要なエネルギーを十分に確保
人工肛門（じんこうこうもん）（消化管ストーマ）のある人	・消化の悪いナッツ類、きのこ類、海藻（かいそう）類を控える。食物繊維が多い食物は、ストーマの出口が詰まるおそれがある ・臭いの強いもの、ガスが出やすいものを控える

食中毒の種類と予防法

細菌またはウイルス	原因となる主な食品	特徴と予防法
サルモネラ菌	鶏卵、鶏肉とその他の食肉	・潜伏期間が6〜72時間程度 ・食品中心部を75℃以上で1分以上加熱
腸管出血性大腸菌O157	生の肉（レバー等）	・ベロ毒素を出し、出血性の下痢等を起こす ・食品中心部を75℃以上で1分以上加熱
黄色ブドウ球菌	切り傷等に多い	・摂取後3時間ほどで下痢・腹痛を起こす ・傷がある場合は、傷口が食物に触れないように注意
腸炎ビブリオ	生の魚介類	・真水でしっかり洗浄 ・生魚を調理した器具を使って、そのまま野菜を調理しない
ウェルシュ菌	肉類、魚介類、野菜を使用した煮込み料理	・加熱しても死滅せず、カレーやシチュー等を常温で保存すると、大量に増殖し、食中毒を起こすおそれが高まる ・やむを得ず保存する際は広く浅い容器に入れ、すぐに冷やす
カンピロバクター	鶏肉	・少量の菌で食中毒を起こす ・十分に加熱して調理
ノロウイルス	二枚貝（生ガキ等）、感染者の糞便	・冬期に多く発症 ・下痢や嘔吐が起こり、そこから二次感染するおそれがある ・食品中心部を85〜90℃以上で90秒以上加熱 ・次亜塩素酸ナトリウムで消毒

テーマ
21

睡眠障害と安眠への支援

睡眠障害

□□ 高齢者の場合、睡眠周期が乱れるため、深い眠り（深睡眠）が減り、浅い眠りが増え（深いノンレム睡眠とレム睡眠がともに減少し、浅いノンレム睡眠が増加）、睡眠障害を起こしやすくなる。

□□ 睡眠障害は加齢に加え、うつ病、ストレス、喘息、関節リウマチ、皮膚掻痒症、睡眠時無呼吸症候群（SAS）等も原因となる。

□□ 睡眠時無呼吸症候群（SAS）では、睡眠中に無呼吸状態となり、大きないびきを発し、熟眠できず、日中の眠気や集中力の低下を引き起こす。

安眠のための環境整備

□□ 室温は夏 25℃前後、冬 16～19℃、寝床内（布団の中）の温度 33℃程度、湿度は年間を通して 50～60％に。臭気がこもらないよう室内の換気も重要。

□□ 低温やけどを防ぐため、湯たんぽを使用する際は足元から 10cm 程度離して置く等、皮膚に直接触れないようにする。

□□ 人は睡眠に入ると体温を下げる。そこで電気毛布を使う際は、寝る前に布団を温めて入眠しやすくする一方、就寝中はタイマー機能を使ってスイッチが切れるようにする。

□□ 寝室は静かで、30 ルクス（lux）未満の暗めとする。昼光色（青白い光）は脳が刺激されるため、電球色（オレンジの光）を使用するとよい。

□□ 夜間、トイレに行くときもあるため、足元灯（フットライト）を点灯。
　※起立性低血圧や睡眠障害がある場合は、ふらつき等による転倒に注意。

□□ 乾燥した清潔な寝具を使用。枕は、顎が頸部につくぐらいの高さでは息苦しさを感じるため、高すぎず低すぎない高さに調整する。マットレスは柔らかすぎず硬すぎない等、その人に適した物を使用。

□□ 睡眠リズムを整え、睡眠を促すメラトニンを生成しやすくする。

・朝、カーテンを開け、日光を浴びる→脳内にセロトニンという覚醒を促す<ruby>覚醒<rt>かくせい</rt></ruby>ホルモンが<ruby>分泌<rt>ぶんぴつ</rt></ruby>→体内時計がリセット→睡眠と覚醒のリズムが整う。

・牛乳等、朝食で睡眠を促すメラトニンを生成するトリプトファンを多く摂取→夜には睡眠を促すメラトニンが生成→安眠へ。

安眠のための日常生活上の支援

☐☐ 適度な運動等、日中の活動を充実させ、心地良い疲れを得る。

☐☐ 体力の消耗が抑えられ、夜に眠って休むという生活リズムが乱れるため、日中、長時間の昼寝は控える。

☐☐ 空腹や満腹の状態では安眠できないため、就寝3時間前には食事を済ませる。

☐☐ 就寝直前に熱めの湯に入浴すると交感神経が刺激され、安眠できなくなるため、就寝2〜3時間前にぬるめの湯に入浴し、副交感神経を優位にする。

☐☐ 入浴ができない場合でも、心身の疲れをとり、爽快感を得るため、手浴や足浴、全身清拭を実施。

☐☐ 就寝前、覚醒作用があるカフェインを含むコーヒーや緑茶、紅茶等の摂取を控える。

☐☐ 就寝前のアルコール摂取は、眠りが浅くなる原因となる。

☐☐ 就寝前にテレビを見たり、パソコンを使用したりすると脳が刺激され、安眠を妨げる。

☐☐ 個々の利用者がいつも就寝前に行う習慣（入眠儀式）があれば、それを尊重。

☐☐ 就寝時間は一律に同じではなく、利用者一人ひとりに適した時間とする。

☐☐ 短く浅い呼吸では酸素を十分に送れず、身体をゆっくり休ませることができないため、睡眠時は深い呼吸を行うとよい。

☐☐ 睡眠薬の副作用にはふらつき、頭痛、倦怠感、注意力の低下等があるため、転倒には注意。副作用が生じた際は医師に速やかに報告。

☐☐ 副作用が生じやすくなるため、睡眠薬と一緒にアルコールを服用しない。

ゴロ合わせ

メラトニンの生成

闘志メラメラ　あさだ！　にっこり笑い　トリプルアクセル
（メラトニン）（朝）　　（日光）　　　　（トリプトファン）

人生の最終段階の介護

人生の最終段階における介護と主な留意点

□□ キューブラー・ロスの死への心理過程は、①否認→②怒り→③取引→④抑うつ→⑤受容。

□□ アドバンス・ケア・プランニング（ACP）に基づき、本人や家族、医師や看護師、介護福祉士等が繰り返し話し合う中で、どこで、どのような形で人生の最終段階を迎えたいか等について本人の意思決定を支援。その内容はリビングウィル（終末期医療における事前指示書）として書面に残す。

※人の気持ちは変化するものであることから、意思決定のための話し合いは何度でもできることを伝えておく。

□□ 末期がん等の場合、痛み（疼痛）の緩和は身体的側面だけでなく、精神的側面、社会的側面、霊的側面も含めた全人的痛み（トータルペイン）として対応。

□□ 息苦しさを訴えた場合は、半座位（ファーラー位）とする。

□□ 肩まで湯につかった場合、静水圧作用で心臓に負担がかかるため、利用者の状態や医師の判断等に応じて、身体への負担が少ない清拭または半身浴を行う。全身倦怠感が強い場合は、全身清拭ではなく部分清拭とし、本人の負担をさらに軽減する。

□□ 鎮痛薬のモルヒネには、嘔気、便秘、眠気、呼吸抑制等の副作用がある。

□□ 好きな音楽をかける、手を握る、身体をさする等、利用者が少しでも心安らぐ時間を多職種連携・協働によって提供し、不安や苦痛を緩和。

□□ 利用者が抱く死への恐怖を受け止め（受容）、利用者の声に耳を傾ける（傾聴）。

□□ 栄養や食事量よりも、利用者の嗜好を重視し、本人が食べたい食事を提供。

□□ 家族等との協力・連携

・死に至る過程で生じる利用者の身体的変化等を説明するとともに、情報交換を図る。急変時に家族と必ず連絡がとれる体制を整えておく。

・面会できる時間や最期の時を一緒に過ごせるプライベート空間を確保。

・家族等の意向を十分確認しながら、家族等の負担も考慮し、無理させない。

臨終期にある利用者への介護と主な留意点

- □□ 臨終期の兆候
    - ①呼吸…胸郭を使った呼吸から鼻翼呼吸や下顎呼吸に変化し、徐々に回数が減少、死前喘鳴
    - ②脈拍…リズムが不規則となり、徐々に低下
    - ③体温・血圧…心肺機能の低下に伴い、徐々に低下
    - ④尿量…減少→無尿（尿が出なくなる）
    - ⑤意識…傾眠から昏睡状態へ徐々に意識レベルが低下
    - ⑥全身状態…背部や上下肢に浮腫
- □□ 聴覚は比較的機能しているため、家族等による声かけは最期まで重要。
- □□ 口腔内が乾燥しやすいため、口腔ケア用シートや保湿剤等で保湿。
- □□ 利用者の状態に異変が生じた場合には、速やかに医師や看護師に報告。

死亡診断とエンゼルケア（死後のケア）

- □□ 死の三兆候は、①瞳孔散大　②心臓停止　③自発呼吸停止。
- □□ 死亡診断及び死亡診断書の交付は、医師または歯科医師のみに許可。
- □□ 死斑は、死後 20 〜 30 分で出現し、8 〜 12 時間で最も強くなる。
- □□ エンゼルケア（死後のケア）
    - ・全身清拭は、アルコールに浸した脱脂綿で拭き清める。または、水に湯を注いだ逆さ水を使用する。
    - ・義歯がある場合は、口腔ケアを行った後に装着。
    - ・化粧等を施し、外見上のその人らしさを尊重。服は着衣のしやすさではなく、生前に本人が希望した服やよく着ていた服を選ぶとよい。
    - ・着物の場合は左前に合わせ、帯紐を縦結びにする。
    - ・死亡診断書が交付された後、死後硬直が始まる約 1 〜 2 時間前までに実施。
- □□ グリーフケア（悲嘆ケア）とは、身近な人と死別した家族等がその悲しみから立ち直れるように支援すること。多職種連携・協働に基づき実施。
- □□ デスカンファレンスには亡くなられた利用者に関わった介護福祉職や看護師、介護支援専門員等、職員が参加。支援を振り返り、今後の支援の向上に活かす。悲しみを共有して支え合うグリーフケアとしての意味合いもある。

介護過程とアセスメント

介護過程の意味と全体像

- □□ 介護過程とは、利用者が望む生活の実現に向けて、場当たり的で思いつきの介護ではなく、意図的な（個別性に応じた計画的で根拠に基づいた）介護を展開するためのプロセス。

- □□ 介護過程の意義・目的

> ・利用者の望む生活の実現　　・利用者のより良い生活の実現
>
> ・利用者の生活の質（QOL）の向上　　・利用者の生活課題の解決
>
> ・利用者への個別ケア　　・利用者の自己決定の支援
>
> ・利用者の価値観に沿った支援　　・根拠が明確な支援
>
> ・利用者の尊厳の保持　　・多職種連携・協働による支援

- □□ 介護過程では、利用者や家族等への説明責任（アカウンタビリティ）を果たすためにも、根拠（エビデンス）に基づく実践を展開。

■介護過程の流れ

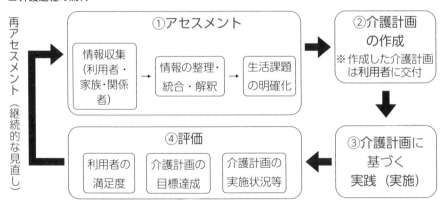

※介護過程は、一人ひとりの利用者に対し、①〜④のプロセスを繰り返しながら展開。
※再アセスメントは定期的に行うとともに、利用者の身体状況が変化した場合等にも実施。

アセスメントの意味

□□ アセスメントは、利用者に関する情報を収集し、そこから利用者が抱える生活課題（ニーズ）を見出すこと。

※介護福祉職は固定観念や先入観によってアセスメントしてはならない。

①利用者に関する情報収集

※情報収集は、利用者本人や家族等とのコミュニケーションや、他の介護福祉職や他職種からの情報収集等によって多面的・継続的に実施。

※利用者の心身の状況等を把握する目安として「障害高齢者の日常生活自立度判定基準」や「認知症高齢者の日常生活自立度判定基準」を活用する。(→ p.107)

②その情報を整理→関連づけ→統合する中で、その利用者は「どのような支援を求めているのか」等を解釈

③生活課題の明確化

□□ 生活課題は、利用者が望む生活を実現するために解決すべきことを指す。現在の暮らしと望む暮らしの隔たり（ギャップ）や困りごとと本人の思い（意欲）から検討。

□□ 通常、生活課題は複数（2つ以上）あるため、優先順位をつける。

□□ ストレングス（strength）は、利用者の思いや意欲（〜したい）、能力（〜できる）、嗜好（〜好き）等、利用者の強みや長所のこと。アセスメントで利用者のストレングスを把握し、その強みを支援に活かす。

■ 障害高齢者の日常生活自立度判定基準

生活自立	ランクJ	1．交通機関等を利用して外出する 2．隣近所へなら外出する
準寝たきり	ランクA	1．介助により外出し、日中はほとんどベッドから離れて生活する 2．外出頻度が少なく、日中も寝たり起きたりの生活をしている
寝たきり	ランクB	1．車いすに移乗し、食事、排泄はベッドから離れて行う 2．介助により車いすに移乗する
	ランクC	1．自力で寝返りをうつ 2．自力では寝返りもうてない

テーマ 24　生活課題とそれに基づく介護計画

生活課題を見出すために必要な情報収集

□□ アセスメントは情報収集→情報の整理・統合・解釈→生活課題の明確化の流れで行われる。

□□ 情報収集する際は、事前に利用者に説明して許可を得ることが重要。

□□ 初回の面談では利用者との信頼関係の形成に向けて、**利用者の思いや希望等を把握するという目的を意識しながら話を聴く。**

□□ 収集した情報をすべて記載するのではなく、**必要な情報を取捨選択して記録。**

□□ **客観的**情報とは、視覚・聴覚・嗅覚・触覚といった五感を用いた**観察**や**検査**、測定器による測定等によって確認された**事実**。

　　例：Aさんは、朝の体温が 37.5℃であった。

□□ **主観的**情報とは、利用者の訴えや発言、介護福祉職の考えや判断等、その人の思いや考えによって生まれた情報。

　　例：Cさんは、「何となく気持ち悪い」と言った→利用者の主観

　　　　Dさんは、うれしそうである→介護福祉職の主観

※ただし、主語が誰なのか、注意が必要である。例えば、介護福祉職を主語とし、Cさんが言ったことを「介護福祉職が聞いた」場合は、介護福祉職が聞いた**客観**的情報または介護福祉職が記録した**客観的**な記録となる。

□□ **デマンド**（demand）は、利用者が言葉に出して表現した**要望**や**要求**を意味するが、それがそのまま**生活課題**（ニーズ）になるとは限らないので注意。

生活課題を記載する際の主な留意点

□□ 生活課題を解決・緩和（かんわ）あるいは満たすのは、**利用者**自身。

□□ 利用者本人が直接言っているか、言っていないかにかかわらず、生活課題は「〜したい」で表現（利用者が主語）。

□□ イメージできない抽象的な生活課題ではなく、具体的な記載とする。

例：「安全に歩きたい」

　　施設内か自宅の庭か？　「安全に」とは？　などの疑問が生じる。

　⇒「施設内を自分で歩行器を使って、つまずかずに歩き、友人の居室に行きたい」

□□ 目標を達成する**手段**（援助内容）だけを記載するのは、生活課題とはいえない。

　　例：「リハビリに参加したい」

　　なぜリハビリに参加したいのか？　その**理由**を生活課題に記載する。

　⇒「T字杖（つえ）を使って自分の足で歩き、施設の隣（となり）にあるお店まで行き、買い物がしたい」

介護計画

□□ 介護計画は、介護福祉職が利用者の**生活課題**に基づき作成した利用者支援のための計画で、**利用者**ごとに作成。

□□ 介護計画の構成は、①生活課題、②**長期目標**、③**短期目標**、④具体的な**援助内容・方法**。

□□ 介護計画は、見直しの時期を**決めておく**。また、利用者の状況に変化が起きた際には再アセスメントを行って、その都度見直す。

□□ 介護計画の実施に関する他職種への報告は、**定期的**に、もしくは利用者の身体状況が変化したときなどの**必要時**に行う。

■ **介護計画作成の流れ（例）**

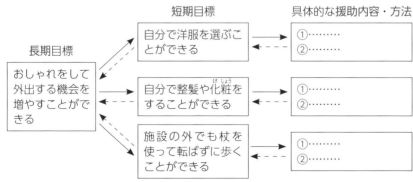

── 目標達成のためにはどうすればよいか？

← - - - ○○したら△△できる予定

テーマ 25 介護計画の 作成・実施・評価とケアプラン

介護計画を記載する際の主な留意点

☐☐ 生活課題と目標を記載する際の主語は利用者となる。

☐☐ 可能な限り利用者本人の意向を反映する。

※勝手に決めない→利用者本人や関係者と相談しながら5W1Hに基づき「何を」「いつ」「どこで」「誰と」「どのように」行うのかを検討。

☐☐ 誰が読んでもわかる具体的な記載をする。

誰にでも当てはまるような「安心」や「安全」といった表現を用いない。

「一部介助」等では、その意味が伝わらない→その中身を具体的に記載。

☐☐ 尊厳が守られている表現。「～させる」といった指示的な表現は用いない。

☐☐ 介護計画では、支援や介護する際の注意点についても記載する。

長期目標・短期目標と実施内容・方法

☐☐ 長期目標は生活課題（ニーズ）が解決した状態または満たされた状態を表す
→長期目標は生活課題ごとに設定。

☐☐ 短期目標は、長期目標を達成するために設定する段階的な目標。

一般的に1つの長期目標に対して複数（2つ以上）の短期目標がある。

長期目標よりも、さらに具体的な内容とする。

☐☐ 達成可能な目標

・一般的に目標は「～できる」で表現（利用者が主語）。

・抽象的な用語は評価しづらいため、数値を用いる等、具体的に記載。

☐☐ 介護計画は利用者や家族に説明し、その内容・方法について同意を得て実施。

☐☐ 実施は、短期目標の達成にふさわしい内容・方法とする。

☐☐ 支援や介護の継続性を保持するため、介護計画を作成した人以外の介護福祉職や他職種等も読めば同じ援助ができるように具体的にわかりやすく記述。

☐☐ 介護計画を実施する前に評価基準を定めておく。

介護過程の評価

☐☐ 評価は、実施した援助の結果に加え、アセスメントや介護計画を含め、一連の介護過程がどうであったかを確認して見直すために介護福祉職が行う。

☐☐ 評価の主な内容
・援助が開始された後、その援助が計画に基づいて実施されているか？
・援助を受けた利用者や家族等の満足度はどうか？
・援助の効果は得られているか？
・目標の達成度はどうか？
・利用者の状況に変化はないか？
・新たな生活課題が発生していないか？
※実施しなかった介護計画についても、今後の支援に活かすために、実施しなかった理由を確認して評価しておく必要がある。

ケアプランとの関係

☐☐ 介護計画が介護過程に基づき介護福祉職が作成するのに対し、ケアプラン（在宅の場合は居宅サービス計画等、施設入所の場合は施設サービス計画）はケアマネジメントに基づき介護支援専門員（ケアマネジャー）が作成。

☐☐ 訪問介護計画は居宅サービス計画に沿ってサービス提供責任者が作成する等、介護計画はケアプランとの整合性を図る必要がある。

☐☐ ケアマネジメントとは、利用者のニーズを把握し、そのニーズを解決するため、様々な社会資源（行政や民間法人等によるフォーマルサービス、家族や友人、近隣住民、ボランティア等によるインフォーマルサポート）を適切に組み合わせて活用できるように支援する一連の過程。このうち、相談に訪れた人と最初に行われる面接（初回面接・受理面接）のことをインテークと呼ぶ。

☐☐ 利用者のニーズやそれに適したケアプランについて多職種連携・協働（チームアプローチ）で検討するため、介護支援専門員は利用者や家族、関係する専門職を招集し、サービス担当者会議を開催。
※利用者の状況によって自宅のほか、病院や介護老人保健施設等でも開催可能。開催頻度の義務規定はない。

☐☐ ケアプランの内容については、利用者に文書で説明し同意を得る。

テーマ
1

こころのしくみ

マズローの欲求5段階説

□□ 人間には5段階の欲求があり、下位の欲求が満たされると、次の段階の欲求を満たそうとしていると、心理学者のマズローは提唱した。

□□ 生理的欲求は、生命を維持するために必要な本能的な欲求。

□□ 安全の欲求は、危険から身を守り、安全を確保したいという欲求。

□□ 所属と愛の欲求は、集団に所属し、愛されたいという欲求。

□□ 承認の欲求は、他者から認められ、尊敬（そんけい）されたいという欲求。

□□ 自己実現の欲求は、成長し、なりたい自分を目指したり、自分らしく生きたいという欲求。

■欲求の5段階説

□□ 基本的欲求とは、生きるために基本的に必要な普遍的な欲求。

□□ 社会的欲求とは、社会（人間関係）の中で経験したり、獲得していく欲求。

□□ 欠乏欲求とは、欠乏しているものを充足したい（満たしたい）欲求。

□□ 成長欲求とは、さらなる上を目指したい、成長したい高次の欲求。

キューブラー・ロスの死の受容

- □□ キューブラー・ロスは、死を受容する過程には、①否認、②怒り、③取引、④抑うつ、⑤受容の5段階があると示した。
- □□ 否認とは、死を認められず、否定し、死を遠ざけようとする時期。
- □□ 怒りとは、「どうして私が…」という納得できない怒りや恨みの感情の時期。
- □□ 取引とは、死をまぬがれるために、どんなことでもしたいと苦しむ時期。
- □□ 抑うつとは、死をまぬがれないことを理解し、うつ状態になる時期。
- □□ 受容とは、死を受け止め、残された時間を自分らしく生きようと考える時期。

心的外傷後ストレス障害（PTSD）

- □□ PTSDは強烈なストレス体験後に、その記憶がトラウマとなり、辛い体験で味わった感情を長期に持続して何度も繰り返して思い出してしまう。
- □□ 急性ストレス反応は、ストレス体験後数日以内に発症し1か月以内におさまる。
- □□ PTSDは常に緊張が続き不眠になったり、常にイライラし過敏な状態となる。
- □□ PTSDは、辛い記憶に苦しむことを避けるために、感情や感覚が麻痺する。

大脳の機能局在

- □□ 前頭葉は、思考・意思・創造力、運動機能の指令を司る。
- □□ 頭頂葉は、いろいろな感覚（痛みなど）、空間認識を司る。
- □□ 側頭葉は、記憶（海馬）、情動、言語理解、聴覚を司る。
- □□ 後頭葉は、色や形などの視覚を司る。

ゴロ合わせ

マズローの欲求階層

まず、	生え	やすい	ところに	にん
(マズロー)	(生理的欲求)	(安全の欲求)	(所属と愛の欲求)	(承認の欲求)

じん	みのる
(自己実現の欲求)	

テーマ 2

心理的な特性

適応機制（防衛機制）

□□ 適応機制とは、欲求不満や不安、緊張感から、自分を守り、心理的安定を得ようとする心の動きのことである。

抑圧	容認しがたい感情や欲求を抑えつけ、意識に上らないようにする。
退行	精神を安定させるため、より以前の発達段階に逆戻りして未熟な行動をとる。
合理化	自分に都合のよい理由をつけて、自分の失敗や欠点を正当化する。
昇華	社会的に承認されない欲求や衝動を、社会的に認められた形で満たそうとする。
補償	ある劣等感情を、他の面での優越感情で補う。
反動形成	自分が思っていることと反対の行動をすることで、本当の自分の欲求や感情を隠そうとする。

老年期の喪失・悲嘆過程

□□ 高齢者の喪失体験とは、心理的な喪失のことである。

□□ 家族・友人との死別、退職や病気などが喪失体験に結びつきやすい。

□□ フロイトは、死別後の悲哀から平穏な状態に戻る過程を悲嘆過程と呼んだ。

□□ 悲嘆過程を避けずに経験することで、悲嘆から回復できる（グリーフワーク）。

□□ ボウルビィは、グリーフワークには、①無感覚の段階、②探し求める段階、③混乱の段階、④再建の段階という順序性があると考えた。

□□ 亡くなった人に向けた愛着が、価値あることだと意味づけることが大切。

□□ 悲嘆からの回復は、生活の立て直しに向けた対処も必要である。

記憶の仕組み

□□ 記憶には、①記銘（情報を入れる）、②保持（情報を保存する）、③想起（情報を取り出す）の3つの過程がある。

□□ 短期記憶は、一時的に側頭葉の海馬に保存され、その後、長期記憶として大脳新皮質に保存される。

感覚記憶 ➡	短期記憶 ➡	長期記憶
感覚器に入ってきて、瞬間的に保持されている記憶	電話番号のように一時的に保持されている記憶	何度も繰り返されることで、長期的に保持されている記憶

□□ 記憶の内容に関する分類では、言葉で表現できる陳述記憶と、表現できない非陳述記憶に分けられる。

記憶の種類		記憶の内容	具体例
陳述記憶	意味記憶	・言葉の意味などの記憶 ・学習によって得られた知識に関する記憶	物の名前、様々な言葉の意味、九九など。
	エピソード記憶	・個人的な経験や出来事に関する記憶 ・特定の日時や場所によって記憶する	今日は家族と一緒に、上野公園にお花見に行き、海苔巻きを食べた。
非陳述記憶	手続き記憶	・何度も行うことで、身体で覚えた記憶	洋服を脱いだり着たりする、果物をむく動作、泳ぎなど。
	プライミング	・過去に体験したことを一時的にとどめておき、さっと取り出せるようにしておく記憶 ・すばやく対応するための記憶の方法	クレームがきた際に、過去の経験を思い出し、適切な話し方や対応をすることができた。

テーマ **3**

臓器のしくみ

循環器系のしくみ

□□ 循環器は、心臓、血管、リンパ管で構成されている。心臓から出ていく血管を動脈、心臓に入る血管を静脈という。

□□ 動脈血とは、酸素を多く含む血液で、静脈血とは二酸化炭素を多く含む血液。

□□ 動脈には動脈血が流れ、静脈には静脈血が流れる。

□□ 例外として、肺動脈には静脈血が流れ、肺静脈には動脈血が流れる。

□□ リンパ管にはリンパ液が流れる。

■心臓の構造

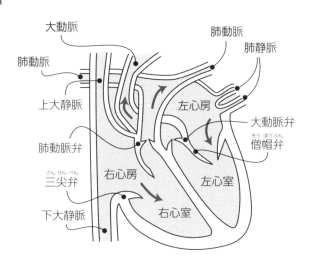

□□ 心臓は、右心房、右心室、左心房、左心室の4つの部屋に分かれている。

□□ 血液の流れは、大静脈 → 右心房 → 右心室 → 肺動脈 → 肺 → 肺静脈 → 左心房 → 左心室 → 大動脈。

□□ 心臓は、一定のリズムで収縮と拡張（弛緩）を繰り返すポンプ機能によって、血液を全身に送る。

□□ 成人の１分間の心拍数は 60 ～ 70 回／分程度。

□□ 心拍数の多くなる理由は、**運動や緊張**、興奮、ストレス状態などがある。

□□ 交感神経の作用により血管が**収縮**し、心拍数が**増加**する。副交感神経の作用で血管が**拡張**し、心拍数が**減少**する。

□□ 成人の正常血圧は、家庭で測定したとき、115mmHg／75mmHg 未満。

□□ 血圧が高くなる理由は、**動脈硬化**、末梢血管の**収縮**、血液粘稠度の増加。

□□ 血液は、**酸素や二酸化炭素、栄養素やホルモン、体熱**を運搬している。

□□ 赤血球は、ヘモグロビンで**酸素**を運ぶ。

□□ 白血球は、ウイルスや細菌等の病原体を排除する**免疫機能**。

□□ 血小板は、血液を**凝固**させ、**止血**する。

その他の臓器のはたらき

□□ 肝臓は、**グリコーゲンの貯蔵、胆汁の生成、解毒作用**の機能を持つ。

□□ 腎臓は、**尿の生成、血圧の調整、骨代謝**の機能を持つ。

□□ 副腎は、ステロイドやアドレナリンなどの**ホルモンの分泌**の機能を持つ。

□□ 膀胱は、**尿を蓄える**機能を持つ。

□□ 排尿直後の尿は、淡黄色・透明で、ほとんど無臭、弱酸性である。

□□ 肺は、肺胞と毛細血管の間で酸素を取り込み二酸化炭素をはきだす**ガス交換**の機能を持つ。

□□ 小腸は主に**栄養**を吸収する働きをし、十二指腸、空腸、回腸に分けられている。

□□ 大腸は主に**水分**を吸収する働きをし、盲腸、上行結腸、横行結腸、下行結腸、Ｓ状結腸、直腸に分けられている。

ゴロ合わせ

血液の流れ

子どもを大勢見ると、うれしん坊はうれしいし、 ハイドウドウと ハイハイ
（大静脈）→ （右心房）→ （右心室）→ （肺動脈）→ （肺）→

し始め、 さびしん坊はさびしいし、おどおどしてる
（肺静脈）→ （左心房）→ （左心室）→ （大動脈）

テーマ 4 からだを動かすしくみ

骨と筋肉のはたらき

☐☐ 骨の主成分は、リン酸カルシウムとたんぱく質である。

☐☐ 筋肉の収縮によって、関節運動が行われる。

☐☐ 高齢になると、関節が拘縮し、関節可動域が狭くなっていく。

☐☐ 主動筋とは、関節運動を生じさせるためにはたらく筋肉。

☐☐ 拮抗筋とは、主動筋と反対の動きをする筋肉。

☐☐ 協働筋とは、主動筋の運動を補助する筋肉。

☐☐ 抗重力筋とは、重力に抵抗して立位姿勢を保つ筋肉。たとえば、①脊柱起立筋、②腹直筋、③大腿四頭筋、④大臀筋、⑤下腿三頭筋。

■ 関節と主動筋

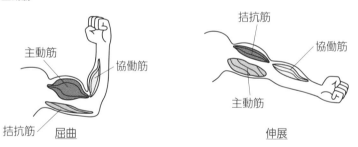

主動筋　協働筋　拮抗筋　屈曲

拮抗筋　協働筋　主動筋　伸展

皮膚のしくみ

☐☐ 皮膚の表面は pH5.0 〜 5.5 の弱酸性である。

☐☐ 不感蒸泄とは、皮膚や呼気からの水分蒸発で、皮膚からは 1 日約 500 〜 600ml、呼気からは約 300ml 程度。

☐☐ 汗腺にはアポクリン腺とエクリン腺とがある。

☐☐ 汗腺が最も多く分布しているのは手のひら、足の裏、腋窩である。

☐☐ 爪の主成分は、タンパク質のケラチンである。

□□ さじ状爪は鉄欠乏性貧血で、ばち状爪は心臓疾患や呼吸器疾患で見られる。

眼のしくみ

□□ 眼は水晶体（レンズ）、角膜、網膜、虹彩などで構成されている。

□□ 白内障は、水晶体が白く濁り、視力が低下する。

□□ 緑内障は、眼圧の上昇により視神経が圧迫され視野が狭くなる。失明の原因となる。

からだの機能低下

□□ 介護等が必要なく、健康上の問題で日常生活が制限されることのない期間を健康寿命という。平均寿命から介護期間を引いたもの。

□□ フレイルとは、虚弱で健康障害を起こしやすい状態。

□□ サルコペニアとは、極端に筋肉量が減って、筋力が低下した状態。

□□ 廃用症候群（生活不活発病）とは長期間にわたって、寝たきりの状態が続いたり、運動をしないことにより、心身の機能が低下していくこと。

■ 廃用症候群による機能低下

関節拘縮	関節周囲の筋肉が硬くなり、関節が動かしにくくなる
筋萎縮	身体を動かさないため筋肉が細くなり、筋力低下する 1週間の安静臥床で15〜20%の筋力低下が起きる
褥瘡	長時間持続的に圧迫され、血行障害が起こり、組織が損傷
内臓機能低下	心機能、呼吸機能、消化機能の低下が起こる
起立性低血圧	血圧調整機能が低下し、起き上がったときに血圧が低下
深部静脈血栓症	身体を動かさないことにより、下肢深部静脈の血流が悪くなり、血栓ができる。むくんだり痛みが生じる
肺炎	肺に痰等がたまり、沈下性肺炎、誤嚥性肺炎を起こす
抑うつ状態	意欲が低下し、無気力となる

テーマ 5 食事のしくみ

摂食・嚥下・消化

□□ 食べることのプロセスは、先行期、準備期、口腔期、咽頭期、食道期という5段階に分類できる。

□□ 先行期は、視覚、嗅覚を使い、食べ物を認知する時期で、唾液の分泌が増加する。認知期ともいう。

□□ 準備期の3段階は、
　　①食べ物を口の中に取り込む（捕食）
　　②食べ物を噛み砕く（咀嚼）
　　③唾液と混ぜ合わせる（食塊形成）

□□ 口腔期は、舌を使って食塊を咽頭に送る時期。

□□ 咽頭期は、食塊が咽頭を通過する時期。咽頭部に送られると、不随意的運動（無意識）によって嚥下反射が起こる。

□□ 食道期は、食塊が食道の蠕動運動と重力によって、胃に運ばれる時期。

□□ 嚥下三期（相）とは、口腔期・咽頭期・食道期の3つの時期のこと。

□□ 食塊が咽頭を通過する時は誤嚥を防ぐために、
　　①食塊が鼻腔に入らないように、軟口蓋が鼻腔を閉鎖
　　②食塊が気管に入らないように、喉頭蓋が気管を閉鎖

□□ 食道期には、軟口蓋と喉頭蓋は開く。

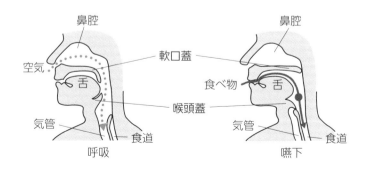

□□ 唾液には、でんぷんを分解する消化酵素が含まれている。

□□ 唾液には自浄作用、抗菌作用があるため、唾液が減少すると口臭が生じる。

□□ 副交感神経は、唾液の放出や消化を促進する。

□□ 交感神経は、胃腸の働きを抑制する。

□□ 便性状の共通基準にブリストル便性状スケールがあり、タイプ1～7のうち、
　　3（やや硬い便）4（普通便）5（やや軟らかい便）が正常便である。

食事の意義

□□ 食事の意義は、①生命維持に必要な栄養素を摂取できる、②基本的欲求でも
　　あり、満足感や楽しみにつながる、③コミュニケーションを円滑にする。

□□ たんぱく質は、アミノ酸から構成され、からだの筋肉、臓器、酵素をつくる。

□□ 脂質のエネルギー発生量は、栄養素の中で一番多く、9kcal/g。

□□ 無機質（ミネラル）は、骨や血液の成分をつくる。

□□ ビタミンは、からだの機能が円滑に働くよう調整の役割を持つ。
　　・ビタミンA……視力の調整
　　・ビタミンB……糖質・脂質の代謝
　　・ビタミンC……コラーゲンの合成、鉄分の吸収促進
　　・ビタミンD・K……カルシウムの吸収を助ける
　　・ビタミンE……酸化防止

■ 食事制限が必要な疾患

エネルギー（カロリー）制限	糖尿病、脂質異常症、肥満
塩分（ナトリウム）制限	高血圧症、腎機能障害、心疾患
たんぱく質、カリウム制限	腎機能障害（透析中）

ゴロ合わせ

食事のプロセス

鮮魚を　　準備したコックさんのインド　　食堂
（先行期）　（準備期）　（口腔期）　　　　（咽頭期）　（食道期）

テーマ 6 睡眠のしくみ

睡眠のリズム

□□ 睡眠は、こころとからだの休息、疲労の回復、生活リズムの維持だけでなく、成長ホルモンの分泌促進や免疫力強化にも影響を与える。

□□ 人のからだは、朝、目覚めて、夜、眠くなるといった「活動と休息のリズム」をつくりだしている。このリズムは約24時間周期となっていて、概日リズム（サーカディアンリズム）という。

□□ サーカディアンリズムは、からだの中の体内時計によってつくられる。

□□ 体内時計は、脳の視床下部の視交叉上核にある。

□□ 体内時計を調整しているのは、松果体から分泌されるメラトニンというホルモン。メラトニンは睡眠ホルモンと呼ばれ、高齢になるとメラトニンの分泌が減り、不眠の原因の一つとなる。

□□ 新生児の睡眠は、寝たり起きたりを短時間で繰り返す多相性睡眠。

□□ 成人の睡眠時間は7時間程度で、高齢になるほど短く、浅くなる。

□□ 加齢によって、睡眠周期が不規則になる。

□□ 睡眠負債とは、必要な睡眠時間に対する不足分。寝だめは効果はない。

■ 快眠・朝、すっきり目覚めるポイント

寝る前に、カフェインをとらない。

寝る前に、スマホの強い光を見ない。

寝るときは、部屋を暗くする。

朝、起きたら日光を浴びる。

朝食をしっかり摂る。

□□ 睡眠にはリズムがあり、レム睡眠とノンレム睡眠を周期的に繰り返している。1つの周期は90〜120分間程度である。1周期を一晩に4〜5回繰り返す。

□□ レム睡眠は、からだが休息し、脳は活動している浅い眠り。

□□ ノンレム睡眠は、からだが起きていて、脳は眠っている深い眠り。

□□ ノンレム睡眠の間は、副交感神経が働く。

睡眠障害

□□ 睡眠障害は、ストレスや過度の緊張（きんちょう）、加齢、うつ状態、からだの冷え、からだの痛み、頻尿（ひんにょう）、薬の副作用によって引き起こされる。

□□ 抗ヒスタミン剤の影響によって、日中に強い眠気が起きる。

■ 睡眠障害の種類

入眠障害	寝つきが悪く、なかなか眠れない
熟眠障害	「ぐっすり眠った」という満足感がない
中途覚醒（かくせい）	眠りが浅く、何度も目が覚めてしまう
早朝覚醒	明け方に目が覚め、その後眠れなくなる

■ 高齢者に多い睡眠障害

睡眠時無呼吸症候群	睡眠中に無呼吸の状態が何度も起きる。浅い眠り。高血圧になりやすい。
レム睡眠行動障害	睡眠中に、突然叫んだり、暴れたりする。
レストレスレッグス症候群	「むずむず脚症候群」ともいい、睡眠中に、脚がむずむずする不快感が生じる。脚を動かすと症状が軽減するので、不眠となる。
概日リズム睡眠障害	24 時間周期で睡眠と覚醒を繰り返す概日リズムが障害され、睡眠と覚醒の出現が不規則になる。

ゴロ合わせ

睡眠のリズム

スイミング　　朝　　　　練あるから、深夜まで飲まれん
（睡眠）　　　（浅いのはレム睡眠）　　（深いのはノンレム睡眠）

テーマ **7**

発達段階と発達課題

乳幼児の心身の発達段階

□□ 人間の発達には、順序性と方向性が決まっている。

□□ 運動機能の発達の順序は、首がすわる（3か月頃）、寝返り（6か月頃）、すわる（7か月頃）、つかまり立ち（9か月頃）、一人歩き（12か月頃）。

□□ 体重は3〜4か月で出生時の約2倍、1歳で約3倍になる。

□□ 発達の方向性は、**粗大（大きな）運動**から**微細（小さな）運動**へと進む。

□□ 生後3か月頃、手のひらを使って積み木を握る。

□□ 生後12か月頃、指を使って積み木がつかめるようになる。

□□ ボウルビィは、養育者と子の情緒的絆を**愛着（アタッチメント）**と呼んだ。

□□ 愛着とは、人間は幼少期に養育者との間にしっかりとした愛情の絆を築こうとする、という考え方。

■乳幼児期のこころ・ことばの発達プロセス

1か月〜2か月	クーイング 「うー」「あー」といった声を出す
3か月半〜6か月	いない いない ばあ を喜ぶ
4か月〜6か月	喃語 「ンマンマ」「アーアー」
1歳前後	初語（一語文） 「ワンワン」「ブーブー」
1歳半頃	語彙爆発
2歳頃	二語文 「ぶーぶーきた」 第一質問期 「これなあに？」
3歳頃	第二質問期 「どうして？」 第一次反抗期 「イヤイヤ！」「自分で！」

新生児期	新生児微笑。寝ている時に、にっこり笑う （周囲の人に向けられた微笑ではないので、生理的微笑と呼ばれる）
3か月頃から	社会的微笑（外からの刺激に対して反応する）
8か月頃から	人見知り（記憶できるようになり、知らない人や物は怖い）
1歳頃から	社会的参照（周囲の信頼できる人の態度・表情を見て、まわりの物を理解し、行動を決定していく）

■ ストレンジ・シチュエーション法による愛着の分類

(A) 回避型	はじめから養育者に無関心で、養育者との分離に混乱を見せず、再会時にも養育者を避ける様子を見せる。
(B) 安定型	養育者がいれば他人の存在は気にしない。養育者との分離に混乱し、養育者との再会によって安心する。
(C) 抵抗型	養育者との分離に混乱し、養育者との再会によっても不安が収まらず、抱きつく一方で怒りや抵抗を見せる。
(D) 無秩序型	愛着行動に一貫性がなく、(A) 〜 (C) にあてはまらない。

領域Ⅲ

発達段階と発達課題

高齢者の人格特性

□□ 心理学者のライチャードは、定年退職後の男性の人格傾向を5つに分類した。

□□ 円熟型は、現実をありのままに受け入れ、満足している。

□□ 依存（安楽いす）型は、受け身的で他者の援助に依存する。

□□ 防衛型は、不安を感じないように、若い時の積極的な活動を維持する。

□□ 外罰（憤慨）型は、納得できない現状を受容できず他人のせいにする。

□□ 内罰（自責）型は、自分の人生を失敗とみなし、自責の念を抱く。

□□ 社会的に適応しているのは、円熟型、依存型、防衛型である。

テーマ 8 高齢者の身体的な特徴

老化の考え方

- □□ 老化とは、すべての生命体に生じる現象であるが個人差が大きい。
- □□ 老化とは、身体機能・精神機能が低下していく生理的変化のこと。
- □□ 加齢とは、受精から死までのすべての変化を指し、向上する変化も含まれる。
- □□ 生理的老化の特徴は、①内在性（遺伝的にプログラムされている）、②普遍性（すべての生命体に起こる）、③進行性（一度生じた変化は元に戻らない）、④有害性（生命活動にとって有害）。
- □□ サクセスフル・エイジングとは、老化に適応し、幸せな生き方を求めること。
- □□ 高齢者に生産的な生き方を求める概念を「プロダクティブ・エイジング」という。
- □□ 老化によって、恒常性（ホメオスタシス）を維持する力が低下する。
- □□ エイジズムとは、高齢者は頑固になるなど、年齢による偏見と差別のこと。

老化に伴う知能・記憶の変化の特徴

- □□ 計算や新しい環境に適応する「流動性知能」は低下しやすい。
- □□ 経験や学習で得られた「結晶性知能」は低下しにくい。
- □□ 新しいできごとに関する「エピソード記憶」は忘れやすい。
- □□ 単語の意味などの「意味記憶」は忘れにくい。
- □□ からだの動作で覚えた「手続き記憶」は忘れにくい。
- □□ 複数のことを同時に行う能力は、加齢によって低下する。

老化に伴う身体機能の変化の特徴

- □□ 収縮期血圧は上昇する。
- □□ 高齢者は立ち上がったときに目の前が暗くなる起立性低血圧になりやすい。
- □□ 肺活量が低下し、労作時に息切れしやすい。

□□ 喉頭挙上の不足によって、嚥下機能が低下し、誤嚥しやすくなり、誤嚥性肺炎を起こしやすくなる。

□□ 唾液・消化液の分泌が減少し、消化吸収能力が低下する。

□□ 味覚の感受性の低下や唾液の減少により、味がわかりにくくなる。

□□ 亜鉛不足によって味蕾の数が減少し、味覚障害が起きやすい。

□□ 薬（降圧剤など）の副作用によっても、味覚障害は起きる。

□□ 腸の蠕動運動が低下し、便秘になりやすい。

□□ 肝機能・腎機能の低下により、薬の副作用が強まる。

□□ 頻尿・残尿が増え、特に「夜間頻尿」が起きる。

□□ 下肢の筋力低下、関節可動域の低下により、転倒しやすい。

□□ 骨密度が低下し、骨折しやすい。

□□ 視力が低下し、周辺視野も狭くなる。

□□ 環境への適応が困難で、明順応、暗順応が低下する。

□□ 低音域よりも、「高音域」が聞き取りにくい。

□□ 振動覚や嗅覚が鈍感になる。

□□ 身体機能の低下により、複数の慢性疾患を持ちやすくなる。

皮膚に起こりやすい変化

□□ 皮膚は乾燥し、「ドライスキン」になる。

□□ 皮膚掻痒症は、皮膚の乾燥によりかゆみが強くなる。

□□ かゆみへの対応は、皮膚をかきむしらないように爪を短く切る。

□□ 褥瘡は、低栄養、圧迫、汚れで起こりやすい。

□□ 白癬は、白癬菌という真菌（カビ）の感染によって起こり、かゆみが強い。

□□ 足白癬では、足を十分に乾燥させることが大切である。

□□ 白癬は、衣服や寝具をこまめに洗濯することが大切である。

□□ 疥癬は、ヒゼンダニが皮膚に寄生し激しいかゆみが起こる。

ゴロ合わせ

老化に伴う変化

廊下からシューシュー空気が上がり、高温危険
（老化）　　（収縮期）　　　　　　（上昇）　　（高音域が聞き取りにくい）

テーマ 9

高齢者に多い
循環器系の疾患

高齢者に多い心疾患

□□ 心不全とは、心臓のポンプ機能が低下し、全身に十分な血液を送り出せない状態。

□□ 心臓の筋肉（心筋）に血液を送る「冠動脈」が狭くなったり、詰まると、血液が不足し狭心症や心筋梗塞を起こす。これらを「虚血性心疾患」という。

□□ 心不全の症状には、チアノーゼ、全身の浮腫がある。

□□ 心臓機能障害の症状は、呼吸困難、息切れ、動悸、浮腫、疲労感など。

［狭心症］

□□ 心筋の血液量が低下することによって起きる病気を、狭心症という。

□□ 狭心症の発作は、数分〜15分以内程度で終わる。

□□ 狭心症の症状は、胸痛、胸部圧迫感、絞扼感（締め付けられる感じ）など。

□□ からだを動かしたときに起こる「労作性狭心症」と、動いていないときに起こる「安静時狭心症」がある。

□□ 狭心症の発作は、「ニトログリセリンの舌下投与」で治まる。

［心筋梗塞］

□□ 冠動脈の閉鎖により心筋に血液が流れず、心筋が壊死する病気。

□□ 心筋梗塞の症状は20分以上持続する激しい胸痛、放散痛（左肩、左腕などが痛くなる）など。

□□ 不整脈やショック症状が起きやすく、死亡率も高い。

□□ ニトログリセリンは効かず、鎮痛、鎮静目的でモルヒネ（麻薬）を使う。

□□ 高齢者では、痛みを伴わない「無痛性心筋梗塞」も少なくない。

ゴロ合わせ

心疾患の対応

教師　　　に　取り入って、　　校則　　守る気ねえ
（狭心症）　（ニトログリセリン）　　（心筋梗塞）（モルヒネ）

高齢者に多い脳血管障害

☐☐ 脳血管障害には、脳の血管が破れる「脳出血・くも膜下出血」、脳の血管が詰まる「脳梗塞（のうこうそく）」、一時的に詰まる「一過性脳虚血発作」がある。

☐☐ 脳血管障害の症状は、頭痛、嘔吐（おうと）、意識障害、片麻痺（かたまひ）、めまいなどがある。

☐☐ 脳出血は、老化や高血圧などによって、もろくなった脳血管が、活動時に突然破れて起きる。

☐☐ くも膜下出血は、脳動脈瘤（のうどうみゃくりゅう）の破裂で起こり、ハンマーで殴られたような激しい痛み、意識障害や嘔吐などが起き、死亡率も高い。

☐☐ 脳梗塞は、脳の動脈に血栓が詰まってしまう状態で、梗塞を起こした部位と反対側に麻痺が生じる。

☐☐ 脳梗塞には、局所でできた血栓が脳まで流れてきて血管を詰まらせる「脳塞栓」と、脳の動脈硬化などで血管が狭くなることで血液が固まりやすくなり、それによってできた血栓が詰まってしまう「脳血栓」がある。

☐☐ ラクナ梗塞は、脳の奥深くにあるごく細い血管が詰まることによって起こる。

☐☐ 一過性脳虚血発作は、血栓によって一度詰まるが、数分から1時間程度（長い場合でも24時間以内）で血流が戻り、症状もなくなる状態。

☐☐ 一過性脳虚血発作を何度か起こしていると、脳梗塞になる危険性が高い。

■脳血管障害の症状の現れ方

脳出血	くも膜下出血	脳梗塞	一過性脳虚血発作
症状は急速に進行する	突然の激しい頭痛が出現する	症状は割と徐々に進行する	数分で症状が治まる

高血圧症

☐☐ 高血圧症とは、診察室における測定で、最高血圧140 mm Hg以上、最低血圧90 mm Hg以上。

☐☐ 高血圧のリスクが高まる生活習慣には、塩分やアルコールの過剰摂取、過食と肥満、野菜摂取不足、運動不足、喫煙、ストレスなどがある。

☐☐ 降圧剤（血圧を下げる薬）によって、ふらつき、転倒のおそれがある。

☐☐ 降圧目標は75歳以上は140/90mmHg未満、75歳未満は130/80mmHg未満。

テーマ 10 高齢者に多い病気と生活上の注意点

糖尿病

☐☐ 糖尿病とは、血糖値を下げる**インスリン**の分泌が不足したり十分に作用しなかったりすることにより、「高血糖」が続く病気。

☐☐ インスリンは膵臓のランゲルハンス島β細胞から出ているホルモン。

☐☐ 初期には自覚症状のないことが多い。

☐☐ 高血糖による症状は、**口渇、多飲、多尿**（夜間頻尿）、**倦怠感**がある。

☐☐ 低血糖症状には、**冷や汗、動悸、振戦**（手足のふるえ）、**顔面蒼白**があるが、高齢者の場合ははっきり症状が**出ない**ことがある。

☐☐ 三大合併症には、**網膜症、腎症、神経障害**がある。

☐☐ 糖尿病では足病変が起きやすいので、**フットケア**（清潔）が大切である。

☐☐ 治療は、**食事療法**（食べ過ぎない）、**運動療法、薬物療法**がある。

■ 糖尿病の種類

	1型糖尿病	2型糖尿病
	インスリン依存	インスリン非依存
発症年齢	若年者	中高年
進行	速いことが多い	遅い
体形	生活習慣関連なし、やせ	生活習慣関連あり、肥満

変形性膝関節症

☐☐ 関節の骨や軟骨が減り変形（○脚）が起こり、膝関節痛、運動制限が生じる。

☐☐ 女性に多い。

☐☐ 膝に負担がかからないように、体重を減らしたり、杖を使用する。

□□ 筋力低下を防ぐため、散歩は大切である。

□□ 膝を温めることは、血行を促しリラクゼーション効果もある。

悪性新生物（がん）

□□ 2022（令和4）年の人口動態統計によると、わが国の三大死因は、悪性新生物、心疾患、老衰である。

□□ 男性のがん死亡率の1位は肺がん、2位は大腸がん、3位は胃がん。

□□ 女性のがん死亡率の1位は大腸がん、2位は肺がん、3位は膵臓がん。

□□ 胃がんの死亡率は減少傾向にある。

□□ 胃がんの原因の1つに、ピロリ菌（ヘリコバクター・ピロリ）がある。

骨粗鬆症

□□ 骨粗鬆症は、骨量の低下によって、骨密度が減少する病気。

□□ 骨がもろくなり、腰が痛くなったり、骨折しやすくなる。女性に多い。

□□ 原因は、老化によって起きるカルシウムの減少、更年期による女性ホルモンの減少、ビタミンDの代謝低下、活動量の低下、安静・意欲低下など。

■ 高齢者の四大骨折部位

	大腿骨頸部骨折	橈骨遠位端骨折	上腕骨近位端骨折	脊椎圧迫骨折
部位	股関節付近。太もも付け根	手首のあたり	肩に近い腕の骨	背骨のところ
原因	腰から倒れて転倒	手をついて転倒	肩から倒れて転倒	自分の体重、転倒し尻もち

□□ 骨粗鬆症の生活上の注意点としては、①カルシウムを含む牛乳や小魚を食べる、②よく歩くなど、適度な運動をする、③日光浴をする（ビタミンDがつくられる）、④ビタミンK・ビタミンDを摂取する。

□□ 転倒予防として、①つまずかないように環境整備、②部屋を明るくする、③スリッパは履かない、④厚着しすぎない。

テーマ
11

中核症状とBPSD

認知症の中核症状

☐☐ 中核症状とは、脳の細胞が壊れることで必ず生じる症状。

☐☐ 中核症状には、記憶障害、見当識障害、判断力の低下、遂行機能障害、失語・失行・失認、計算力の低下などがある。

☐☐ 記憶障害の特徴は、①新しいできごとを覚えられない、②できごとのすべてを忘れる、③忘れやすいことの自覚がない、④日常生活に支障が出てくる。

☐☐ エピソード記憶の障害では、若い頃のことは忘れにくいが、最近のできごとのすべてを忘れる。

☐☐ 見当識障害では、日時、場所、人物についての認識が障害される。

☐☐ 遂行機能障害は、前もって計画を立てることができなくなったり、手順がわからなくなるため、ADL（日常生活動作）が障害される。

☐☐ 失語は、言葉がうまく出てこなかったり、相手の話していることが理解できなくなったりする状態。

☐☐ 着衣の失行は、運動機能に問題はないのに、洋服を着ようと思っても着られなくなる。

☐☐ 失認は、感覚機能は損なわれていないのに、目の前の物が認識できなくなる。

☐☐ 軽度認知障害（MCI）は、日常生活に支障はないが、本人、家族などから記憶力の低下の訴えがある。

☐☐ 軽度認知障害は1年で、10％、4年で40％が認知症に移行する。

認知症の行動・心理症状（BPSD）

☐☐ BPSDとは、中核症状によって二次的に引き起こされる症状。

☐☐ 行動面の症状と心理面の症状がある。周囲の対応や環境によって、症状の現れ方・程度は異なる。

☐☐ 行動症状には、徘徊、興奮・拒絶、夕暮れ症候群（帰宅願望）、不潔行為、異食、

攻撃的行動（暴力・暴言）、常同行動がある。

☐☐ 心理症状には、不安感、抑うつ状態、睡眠障害（昼夜逆転）、幻覚・妄想、感情失禁がある。

☐☐ 徘徊とは、不安なことや何かしらの理由があって歩き続けている状態である。

☐☐ 夕暮れ症候群とは、夕方になると落ち着かなくなり、「安心できる家に帰りたい」と感じる状態。

☐☐ 異食とは、食べ物ではない物を口に入れて、食べてしまうこと。

☐☐ 常同行動とは、同じ行動を何度も繰り返してしまうこと。

☐☐ 抑うつとは、気分が落ち込み憂うつな状態。無気力・無関心となる状態をアパシーという。

☐☐ 睡眠障害とは、昼夜逆転し、夜間に眠れなくなること。熟睡感がなくなる。

☐☐ 幻覚とは、存在しないものが見えたり（幻視）聞こえたり（幻聴）すること。

☐☐ 妄想とは、事実ではないことを本気で信じ込む状態。「お金を盗まれた（もの盗られ妄想）」「悪口を言われている」などの被害妄想が多い。

☐☐ もの盗られ妄想はもの忘れや見当識障害による不安感から生じやすい。

☐☐ 感情失禁とは、ささいなできごとに対しても喜怒哀楽の感情が激しく表出し、自分では抑えられない状態。挨拶をされてうれしくて泣き出すなど。

支援の方法

☐☐ 中核症状に対して、不適切な関わり方やケアを行うと、不安感やストレス、プライドの喪失、孤独感が強まり、BPSD を誘発する。

☐☐ BPSD に対して抑制したり、禁止することで、不安感やストレスを増強させ、症状の悪化につながる。

☐☐ 高齢者の言動をよく観察して、理由や原因を探り、適切な対応（責めない、否定しない、無視しない、説得しない）が大切。

☐☐ 高齢者の自尊心を大切にして、受容的な態度で安心できる環境をつくる。

☐☐ 保たれている能力を見つけ何らかの役割を持つことは、人の役に立ったという有用感を得て、自信を取り戻すことにつながる。

☐☐ 自分の居場所であると感じられ、緊張しない安心できる環境をつくる。

☐☐ 失行が見られるときは、介護福祉職がさりげなく順番を示したり、目の前でやって見せると動作を思い出すことがある。

テーマ 12

アルツハイマー型認知症・血管性認知症・若年性認知症

□□ 認知症の原因となる病気によって、アルツハイマー型認知症、レビー小体型認知症、血管性認知症、前頭側頭型認知症などに分類される。

□□ 認知症の原因疾患で一番多いのは、アルツハイマー型認知症である。二番目に多いのは血管性認知症、三番目はレビー小体型認知症。

□□ 軽度認知障害（MCI）は認知症の前駆状態で、認知症ではない。

□□ 軽度認知障害（MCI）の対策は、早期であればあるほど効果が高い。

アルツハイマー型認知症

■アルツハイマー型認知症の進み方（BPSD：認知症の行動・心理症状、ADL：日常生活動作）

軽度認知障害 （MCI）	認　知　症			
	軽度	中等度	やや高度	高度
・少し前のことでも忘れてしまう ・日常生活に支障はない	・物忘れが激しくなる ・遂行機能障害 ・簡単な計算ができない ・BPSD（不安、抑うつ状態、もの盗られ妄想）	・日常的な判断が難しくなる ・BPSD（不穏興奮、不眠、徘徊）	・ADL（入浴、着衣）の介助が必要になる ・トイレの水が流せなくなる ・BPSD（失禁）	・ことばの減少 ・家族の区別がつかない ・歩行障害 ・嚥下障害 ・寝たきりの状態へ

□□ 海馬（側頭葉の内側に位置する）や大脳皮質の神経細胞が減少して、脳が萎縮する。

□□ 女性に多く見られ、症状は緩やかに進行する。

血管性認知症

□□ 脳血管疾患（脳出血・脳梗塞）によって、脳の一部が壊死することで起きる。

□□ 60 ～ 70 歳程度の男性に多い。

□□ 複数回の脳卒中発作で発症した場合の症状は、発作のたびに段階的に進行する。

□□ 症状は、記憶障害や見当識障害以外に、精神的に不安定になる感情失禁、頭痛、片麻痺や言語障害などがある。

□□ 人格の変化はほとんどない。

□□ 症状の現れ方にむらがありまだら認知症が特徴（できるときとできないときがあったり、健在な部分と障害の部分の差が激しい）。

□□ 脳血管の障害のため、初期にめまいを自覚することがある。

若年性認知症

□□ 発症年齢が65歳未満。

□□ 初老期認知症（40 ～ 64 歳）、若年期認知症（18 ～ 39 歳）に分類。

□□ 男性に多い。

□□ 原因疾患は、アルツハイマー型認知症、血管性認知症、前頭側頭型認知症、アルコール性認知症、頭部外傷型認知症、レビー小体型認知症、などがある。

□□ 仕事をしている場合、職場の人が気づくことが多い。

□□ 老年期認知症に比べて、進行は速い。

□□ 不安や抑うつを伴うことが多く、うつ病と誤診されやすい。

□□ 若年性認知症の困難な点として、

①働けなくなるため、経済的な負担が大きい。

②あまり知られていないため、周囲の理解が乏しい。

③社会的支援が少なく、家族の負担が大きい。

④子どもが小さい場合、配偶者が働きながら、子どもの世話と介護をしなければならず、介護負担が大きい。子どもが介護者となることもある。

⑤未婚の場合は、高齢の親が介護しなければならず、介護負担が大きい。

□□ 40歳以上は、介護保険サービスの対象となる。

□□ 神経症状（筋強剛、歩行障害など）を認めることが多い。

テーマ 13 レビー小体型認知症・前頭側頭型認知症

▶ レビー小体型認知症

☐☐ 大脳皮質の神経細胞にレビー小体という特殊なたんぱく質が付着し、神経細胞が壊される。

■ レビー小体型認知症の特徴

症状の日内変動	・調子の良いときと悪いときがはっきりしている ・レム睡眠行動障害：睡眠中に大声を出すなど ・起床時の調子は悪いが、しばらくすると良くなる
幻視・錯視	・鮮明で具体的な内容の幻視（虫がいる、など） ・繰り返し、同じ幻視を見る ・妄想やうつ状態 ・物を人や動物に見間違える
パーキンソン症状	・筋肉の固縮、動作緩慢 ・すくみ足や小刻み歩行、突進歩行などの歩行障害 ・表情が乏しくなる ・誤嚥しやすくなる

☐☐ 認知機能の変動が１日の間、１週間の間で起こるので、それを理解し、調子の悪いときには無理をさせず、介助する。

☐☐ レム睡眠行動障害に対しては、ぐっすり眠るために日中は身体を積極的に動かすプログラムを立てる。

☐☐ 日中に不安なことや嫌なことがあると、怖い夢を見て興奮するので、安心できる環境を心がける。

☐☐ 幻視に対しては本人が安心するよう、否定も肯定もせずに受け止める。

☐☐ 影が幻視を引き起こす原因となるので、部屋を明るくする。

☐☐ パーキンソン症状に対しては、転倒を予防するため見守りと環境整備をする。

前頭側頭型認知症

☐☐ 40 〜 60 歳代に多く発症する。

☐☐ 前頭葉と側頭葉だけが萎縮する。

☐☐ 初めに、人格変化や行動異常が起きる。

☐☐ 自分や周囲への無関心（身だしなみにこだわらなくなる、共感の欠如）。

☐☐ 反社会的行動をとる（万引き、無賃乗車、痴漢など）。

☐☐ 自分を抑制できない（わがまま、気配りができない、暴力行為）。

☐☐ 常同行動（同じものを食べ続ける、毎日決まった時間に決まったことをする）。

☐☐ 意欲の低下（何もせず一日中寝ている、無表情）。

☐☐ 手続き記憶や見当識はある程度保たれている。

☐☐ 症状は緩やかに進行する。

☐☐ 語義失語（言葉の意味がわからない）、滞続言語（同じフレーズや意味のない言葉を繰り返す）が出現する。

☐☐ 発症が若く、反社会的な症状のため、家族の困惑は大きい。

☐☐ 病気に対する自覚はないため、本人のこだわりに合わせ受容して接する。

☐☐ 家族の介護負担も大きいため、精神的な家族支援が大切。

☐☐ 家族会や専門医の情報提供が必要。

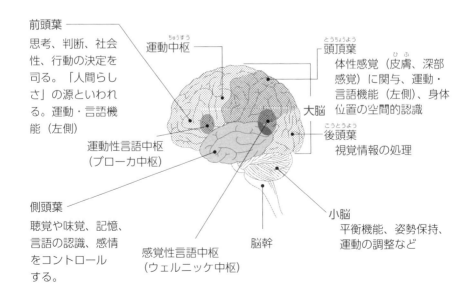

前頭葉
思考、判断、社会性、行動の決定を司る。「人間らしさ」の源といわれる。運動・言語機能（左側）

運動中枢

頭頂葉
体性感覚（皮膚、深部感覚）に関与、運動・言語機能（左側）、身体位置の空間的認識

大脳

運動性言語中枢（ブローカ中枢）

後頭葉
視覚情報の処理

側頭葉
聴覚や味覚、記憶、言語の認識、感情をコントロールする。

感覚性言語中枢（ウェルニッケ中枢）

脳幹

小脳
平衡機能、姿勢保持、運動の調整など

領域Ⅲ

レビー小体型認知症・前頭側頭型認知症

105

テーマ 14 認知症と間違えられやすい症状と診断方法

老年期うつ病

☐☐ 老年期うつ病は、気分が落ち込んだり、意欲が低下し、不眠傾向、食欲の低下など、認知症と似た症状が出る。よって、仮性認知症とも呼ばれる。

☐☐ 抗うつ薬などによってうつ病が回復すると、症状が消失し元に戻る。

☐☐ 漠然と死にたいと思う希死念慮が見られることが多い。

	老年期うつ病	認知症
症状の進行	速い	ゆっくり
初期症状	抑うつ気分	物忘れ
症状の現れ方	朝方に不調	特に決まっていない
症状の自覚	自覚していて、身体症状の不安を訴え続ける	初期は不安を感じるが、進行すると無関心になる
物忘れ	自覚している	否定することが多い

せん妄

☐☐ せん妄は、何らかの原因で意識がはっきりしなくなる意識障害の一種。

☐☐ 錯覚、幻覚、妄想、不穏、興奮といった認知症と似た症状が出る。

☐☐ 症状は一過性のものであったり、1日の中で変動し（日内変動）、原因を取り除くことで症状は消失する。

☐☐ 原因には、薬の副作用、高熱・脱水など体調の変化、環境の変化、手術後の混乱などがある。

☐☐ 夜間に起こることが多く、夜間せん妄といわれる。

認知症の検査

- □□ 長谷川式認知症スケール（HDS-R）
  - ・年齢、見当識（場所、日時）、記憶、計算に関する9項目の質問形式。
  - ・診断を下すというよりも、認知症の疑いがあるかどうかを判断する。
  - ・30点満点のうち、20点以下で認知症の可能性あり。
- □□ ミニメンタルステート検査（MMSE）
  - ・見当識、記憶、計算、図形の模写という11項目の質問形式。
  - ・30点満点のうち、23点以下で認知症の可能性あり。
- □□ FAST（Functional Assessment Staging）
  - ・アルツハイマー型認知症のADL（日常生活動作）機能を7段階で観察評価。
  - ・認知症の進行ステージ（経過）がわかりやすい。
- □□ CDR（Clinical Dementia Rating）
  - ・記憶、判断力、社会適応、家族状況に関する6項目の観察式評価スケール。
  - ・健康、認知症疑い、軽度、中等度、重度の5段階に分類。
  - ・スコアでは、認知症の疑い（軽度認知障害〔MCI〕）0.5、軽度認知症1である。
- □□ 外科手術などの治療の可能性のある認知症の鑑別診断
  - ・慢性硬膜下血腫、正常圧水頭症、脳腫瘍の診断には、頭部ＣＴ検査。
- □□ 認知症高齢者の日常生活自立度判定基準
  - ・厚生労働省が提示した判定基準で、要介護認定の判定時に活用。

■認知症高齢者の日常生活自立度判定基準

I	何らかの認知症を有するが、日常生活はほぼ自立している	
II	a　家庭外で、日常生活に多少の支障を来すが見守りで自立できる	b　家庭内でも、日常生活に多少の支障を来すが見守りで自立できる
III	a　日中を中心として、日常生活に支障を来し、介護を必要とする	b　夜間を中心として、日常生活に支障を来し、介護を必要とする
IV	日常生活に支障を来す症状が頻繁に見られ、常に介護を必要とする	
M	著しい精神症状や問題行動等が見られ、専門医療を必要とする	

テーマ
15

認知症ケア

認知症ケア

☐☐ 認知症の人がその人らしい生活を送るためには、一人ひとりの**生き方を尊重**することが大切。

☐☐ 認知症の人が持っている能力を**維持・発展**させていくためには、**家族の協力**を得るとともに、家族を含めた支援も必要である。

☐☐ 認知症ケアの理念として、イギリスの心理学者トム・キットウッドが提唱した「**パーソン・センタード・ケア**」は、常に**その人を中心**にして考え、その人らしさを支えるケアを重視する。

☐☐ **リアリティ・オリエンテーション**とは、見当識障害のある人に日時や場所、名前などを繰り返して伝えることで、**現実認識を高める**方法。

☐☐ **バリデーション**とは、感情に働きかけ自信獲得や心理的安定を図るコミュニケーション法。動きを合わせて感情を一致させる技法を**カリブレーション**という。

☐☐ 昔の記憶を引き出すことで、自分らしさを再確認し、心の安定を図る方法を**回想法**という。**写真**などを活用して過去の**楽しかった思い出や若い頃**のことを思い出し、自分自身を振り返る。

☐☐ グループで行う回想法では、**高齢者同士**でコミュニケーションを深め、共感し合うことができ、豊かな情動性がもたらされる。

☐☐ **音楽療法**は、脳の活性化やリラクゼーション、回想法の効果も期待できる。

☐☐ **ユマニチュード**の技法には、近くで正面から「**見る**」、優しく「**話す**」、ゆっくり広範囲を「**触れる**」、「**立つ**」機会を作る、の4つがある。

☐☐ 「**認知症の人のためのケアマネジメントセンター方式**」（センター方式）は、利用者本位のケアを展開するための**ケアマネジメントモデル**である。

☐☐ **ひもときシート**は、言動の背景要因を分析することで、視点を介護者から認知症の人に切り替えて認知症の人を理解するための**ツール**である。

☐☐ 抗認知症薬のドネペジル（アリセプト®）の副作用には、**食欲不振**や**悪心**、

□□ 下痢などがあり、メマンチン（メマリー®）の副作用にはめまいがある。

□□ 抗精神病薬であるリスペリドン（リスパダール®）の副作用には、振戦や歩行障害、嚥下障害といったパーキンソン症候群が生じることがある。

□□ 抗認知症薬は進行速度を遅らせる効果がある。

環境を整える

□□ 認知症の人にとって環境の変化や、様々な人との関わりは、ストレスになり混乱を招くこと（リロケーションダメージ）になる。

□□ こころもからだも安定して生活するためには、①決まった同じ人が、②同じ援助方法、③同じ態度で関わり、なじみの人間関係を築くことが大切。

□□ ユニットケアやグループホーム、小規模多機能型居宅介護は、少人数制での関わりとなり、なじみの場所、なじみの人間関係づくりが可能となる。

□□ 施設への入所は環境を変化させてしまうので、家で使い慣れたもの、見慣れたものを持ってきてもらい家庭的な落ち着いた雰囲気を演出する。

□□ これまでの生活が継続するよう、四季折々の催し物を工夫する。

□□ 認知症の人が孤独で寂しい気持ちを感じることがないよう、介護従事者との間に信頼関係を築くことが大切。

□□ 施設の環境が、認知症の人にとって安心できる自分の居場所となるよう、一人ひとりに合った役割を見つけていく。

家族へのレスパイトケア

□□ レスパイトとは休息の意味。介護を行う家族の負担をやわらげるため、一時的に介護から離れ、休息する時間がとれるように支援すること。

□□ 家族の行ってきた介護方法を尊重し、家族の思いを理解しながら支援する。

□□ レスパイトケアのためには、訪問介護（ホームヘルプ）や通所介護（デイサービス）、短期入所生活介護（ショートステイ）などがある。

□□ 家族を含めてたくさんの人が、認知症についての正しい知識、上手な介護方法を知り、過度な不安をなくすため介護教室を開くことは効果的である。

□□ 認知症の人の家族会は、家族介護者同士が交流を図り、相互に支え合うことを支援するもの。ピア（仲間）・サポートという。

認知症対策

認知症に関する行政の方針と施策

□□ 地域密着型サービスは、認知症高齢者が住み慣れた地域で生活を続けることを目指している。

□□ 地域密着型サービスでは、市町村が事業者の指定や指導・監督を行っている。

□□ 介護保険制度では、認知症対応型共同生活介護（グループホーム）、小規模多機能型居宅介護は、地域密着型サービスに位置付けられている。

□□ 介護保険制度では、訪問介護（ホームヘルプ）、通所介護（デイサービス）、短期入所生活介護（ショートステイ）は、居宅サービスに位置付けられている。

□□ 認知症対応型共同生活介護（グループホーム）では、要介護者であって認知症のある人に対し、一人ひとりの能力に応じ自立した日常生活を営むことを目的としている。

□□ 認知症対応型共同生活介護では、1ユニットの入所者は5〜9名で家庭的な雰囲気・環境の中で、入浴、排泄、食事、その他日常生活の世話や機能訓練を受けることができる。

□□ 認知症対応型共同生活介護では、地域住民との交流も実施している。

□□ 認知症施策推進大綱では、「共生」と「予防」を車の両輪として施策を推進。

□□ 認知症施策推進大綱には①普及啓発・本人発信支援、②予防、③医療・ケア・介護サービス・介護者への支援、④認知症バリアフリーの推進・若年性認知症の人への支援・社会参加支援、⑤研究開発・産業促進・国際展開、の5つの施策があり、それらは認知症の人や家族の視点を重視して立案及び推進される。

□□ 認知症施策推進大綱では、認知症になっても住み慣れた地域で尊厳が守られ、自分らしく暮らし続けられる「共生」を目指す。

□□ 認知症施策推進大綱の「予防」とは、認知症にならないという意味ではなく、「発症を遅らせる」「進行を緩やかにする」という意味である。

□□ 2023（令和5）年に公布された「共生社会の実現を推進するための認知症

基本法」では、共生社会の実現に向け当事者参加がより明確に打ち出され、認知症の人の意思決定の適切な支援に関する指針の策定が盛り込まれた。

□□ 自動車免許の更新について、70歳からは高齢者講習、75歳からは認知機能検査が義務付けられている。

■ 認知症ケアにおける地域サポート体制

□□ 認知症の人を支える地域の機関は、①地域包括支援センター、②認知症疾患医療センター、③認知症初期集中支援チーム、④認知症地域支援推進員。

□□ **地域包括支援センター**は、認知症に関する家族や地域の人々の最初の相談窓口である。市町村が設置し、虐待防止、権利擁護なども行う。

□□ **認知症疾患医療センター**は、認知症の速やかな鑑別診断や、認知症サポート医との連携により、かかりつけ医への相談指導を行う。

□□ **認知症初期集中支援チーム**は、認知症が疑われる人や認知症の人及びその家族を含めて、早期支援、危機回避支援を行っていく。

□□ **認知症初期集中支援チーム**は、複数の専門職（医療・介護）と専門医がチームとして包括的・集中的（おおむね6か月）に支援を行う。

□□ **認知症地域支援推進員**は、認知症の人や家族からの相談を受け、様々なサービス機関とのコーディネート、連絡調整の役割を持つ。

□□ **認知症地域支援推進員**は、**市町村**ごとに、地域包括支援センター、市町村本庁、認知症疾患医療センター等に配置される。

□□ **認知症サポーター**は認知症に関する基本的な知識を持ち、地域の中で認知症の人とその家族を見守り、支援する民間のサポーター。

□□ **チームオレンジ**は、ステップアップ講座を受講した認知症サポーターを中心とした支援者と認知症の人や家族の支援を行う取り組み。本人もメンバーとなる。

□□ **認知症カフェ**は、認知症の人やその家族、地域住民、専門職など誰でも自由に集い交流できる場所。地域の実情に合わせた取り組みを行う。

□□ **認知症ケアパス**とは、認知症の人を地域全体で支えていくために、認知症の人の状態に応じた適切なサービス提供の流れを明記したもの。

□□ **若年性認知症支援コーディネーター**は、若年性認知症の人やその家族からの相談窓口で、自立支援に関わる関係者のネットワークの調整役。

テーマ 17

障害の基礎的理解

ICIDH から ICF へ

☐☐ 1980年にWHO（世界保健機関）はICIDH（国際障害分類）を発表した。21年後の2001年にICF（国際生活機能分類）に改正された。

☐☐ ICIDHは、障害を「機能障害」「能力障害」「社会的不利」の3つで分類。

☐☐ ICFは、障害を「心身機能・身体構造」「活動」「参加」といった生活機能面から捉え、背景因子である「環境因子」「個人因子」を重視する。

☐☐ ADL（日常生活動作）の「能力障害」は、ICFでは「活動」と表す。

☐☐ ICFは、構成要素間には双方向性の相互作用があると捉える。

☐☐ ICFは、社会（生活）モデルと医学モデルの統合である。

障害の定義

☐☐ 「通常の人間的ニーズを満たすのに特別な困難をもつ普通の市民」（国際障害者年1981年）

☐☐ 障害には、身体障害、知的障害、精神障害（発達障害を含む）、難病がある。

☐☐ 性同一性障害（性別違和）は自己の生物学的、肉体的な性と自己認識が一致しない状態。障害年金の対象とはならない。

☐☐ ノーマライゼーションは、1950年代に「知的障害児をもつ親の会」の運動から始まり、デンマークのバンク-ミケルセンが提唱。

☐☐ ノーマライゼーションの8つの原理は、スウェーデンのニィリエが提唱。

☐☐ アメリカのヴォルフェンスベルガーは、「障害がある人の社会的役割の獲得」を目指すソーシャルロール・バロリゼーションを提唱した。

☐☐ ヴォルフェンスベルガーは、知的障害者を社会からの逸脱者と捉えることが問題であるとした。

☐☐ 障害福祉計画において、ノーマライゼーションの理念に沿って、「福祉施設の入所者の地域生活への移行」が成果目標として挙げられている。

□□ インテグレーション（統合）は、障害者と健常者を区別するのではなく、一緒に生活できる状態を目指すこと。

□□ インクルージョン（包摂）は、すべての人をもともと区別しない考え方。

□□ ソーシャルインクルージョンは、社会的孤立や排除が起きないよう、共生社会（共に生き、共に支え合う社会）を目指すこと。

□□ リハビリテーションは、機能回復だけでなく、名誉の回復など身体・精神・社会・経済・職業的な、自分らしく生きること全般（全人間的復権）を目指す。

□□ WHOの定義によると、リハビリテーションには「医学的」「社会的」「教育的」「職業的」という4つの領域がある。

□□ 医学的リハビリテーションには、理学療法や作業療法があり、利き手の交換のための訓練が含まれる。

□□ ストレングスモデルは、障害者の「強さ」「できること」に着目して支援。

□□ アドボカシーは、権利擁護や代弁をする活動のことである。

■主な障害者福祉制度（成立年順）

1993（平成5）年	障害者基本法	障害者を定義し、障害者の自立、社会参加の支援のための基本理念を定めている
2004（平成16）年	発達障害者支援法	発達障害を定義。発達障害者への総合的な支援と早期発見を目指す
2005（平成17）年	障害者自立支援法	身体障害、知的障害、精神障害の施策の一元化
2006（平成18）年	障害者権利条約	スローガンは「Nothing about us, without us.」私たちのことを私たち抜きで決めないで
2011（平成23）年	障害者虐待防止法	虐待の防止、早期発見。虐待を受けた者の保護、自立支援。養護者に対する支援
2012（平成24）年	障害者総合支援法	障害者自立支援法が改正により改称。障害者の定義に難病患者等が追加される
2013（平成25）年	障害者差別解消法	共生社会の実現や「合理的配慮」の推進

テーマ 18

関節リウマチ

関節リウマチ

□□ 関節リウマチは、30〜50歳代の女性に多く見られる原因不明の疾患。特に関節等の症状が出て、難治性の炎症性疾患である。

□□ 関節リウマチの症状は、関節の痛み、腫れ、変形、可動域制限。

□□ 手足の関節の痛みから始まり、肘、膝、股関節へと広がり、全身の関節に至る。

□□ 関節の痛みや腫れは、左右対称に起きる。

□□ 特徴的な症状は、朝のこわばり（起床時に手指の曲げ伸ばしが困難）。

□□ 関節のこわばりは、季節や天候に左右される。

□□ 進行すると、ADL（日常生活動作）に支障が出てくる。

［関節リウマチの特徴的な変形］

□□ ボタンホール変形：関節リウマチで最も多い。指の真ん中の関節が内側に曲がり、指先の関節は外側に過剰に曲がる変形。

□□ スワンネック変形：変形した指を横から見ると、白鳥の首の形をしている。

ボタンホール変形　　　　スワンネック変形

□□ 尺側偏位：人差し指から小指までの多数の指に変形を生じ、精神的に負担感を感じやすい。つまみ動作が難しくなる。

□□ 外反母趾：足の親指の先が人差し指の方に「くの字」に曲がる。親指の付け根の関節が足の内側に大きく突き出し、強い痛みを生じる。

関節リウマチの人への支援

領域Ⅲ

関節リウマチ

□□ 関節リウマチの人への支援は「関節の保護」。関節に負担がかからないようにすること。関節は無理に動かさない。

□□ 自立を助け、関節保護、症状の悪化を防ぐために、福祉用具の活用の支援を行う。

□□ 関節に負担がかからないように、また痛みが増強しないように、以下のことに注意する。

　①指先ではなく、手のひらや腕全体、片腕ではなく両腕を使うようにする。

　　例：手すりは握らずに利用できる平手すりにする。

　②関節はゆっくりと動かす。

　③関節を冷やさない。

　④頸椎を前傾させない。

　⑤生活補助用具・自助具を活用する。

　　例：身体を洗うときはループ付きタオルを使う。

　⑥家屋の改造を行う。

□□ 使用する杖としては、手首や関節への負担を軽くできる前腕支持型杖（プラットホームクラッチ）が適している。

［生活補助用具・自助具の活用］

□□ リーチャー：手の届かないところの物を操作するとき（つかむ、引き寄せる、押す、カーテンの開け閉めなど）に便利。

□□ 長柄ブラシ：腕が上がらなくても背中が洗えたり、髪の毛をとかすのに便利。

□□ レバー式ポット：普通のプッシュ式よりレバー式の方が、小さな力で操作ができ、指ではなく手のひらで押せる。

□□ 補高便座：便座を高くすることで、膝関節や股関節に負担がかかりにくく、便座へ座る、便座から立ち上がるのが楽になる。

補高便座

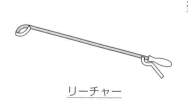
リーチャー

長柄ブラシ

テーマ 19　高次脳機能障害・肢体不自由と麻痺

高次脳機能障害

□□ 高次脳機能障害は、脳の病気や損傷によって、脳の機能である言葉の理解、記憶力、注意力、判断力、感情などが障害された状態のこと。

□□ 高次脳機能障害の原因としては、

　　①脳血管疾患や脳炎の後遺症といった脳の器質的病変

　　②交通事故などによる脳の損傷（脳外傷）

■ 高次脳機能障害の症状

記憶障害	新しいことを覚えられない。 物の置き場所を忘れたり、何度も同じ質問をする。
注意障害	集中力が続かない。 単純なミスが多くなる。 2つのことを同時にしようとして混乱する。
半側空間無視 （はんそくくうかんむし）	患側にあるものを認識できない（左側の場合が多い）。 壁にぶつかったり、物につまずき転ぶ。 車いすのブレーキのかけ忘れ。
遂行機能障害 （すいこうきのうしょうがい）	自分で計画を立てて行動することができない。 状況に応じた判断ができない。
社会的行動障害	ちょっとしたことで感情を爆発させる。 1つのことにこだわって他のことができない。 自分勝手な言動になり人間関係が難しい。
失認・失行	失認：感覚器官に問題はないのに認識できない。 失行：運動器官に問題はないのに日常動作ができない。

□□ 外見からは障害がわかりにくく、本人も自覚していないことが多いため、支援が難しい。

□□ 高次脳機能障害は、「精神障害者保健福祉手帳」の取得で、様々な福祉サービスを受けられる。

□□ 職場適応援助者（ジョブコーチ）とは、障害がある人の就労を支援する人。たとえば、職場に出向き、本人を支援したり、周囲の人たちに対応方法をアドバイスするなど職場環境を整える。

□□ 今までできていたことができなくなり、不安で自信をなくしてしまう。

□□ 自尊心を傷つけないことが大切で、できたことを積極的に認めていく。

□□ ゆっくり、一つずつ、具体的な、短い説明を心がける。

□□ 伝えたいことは、メモに書いて渡し、文字だけでなく絵や図なども使う。

肢体不自由と麻痺（まひ）

□□ 肢体不自由は、四肢の欠損や体幹の運動機能の障害によって生じる。

□□ 脳血管障害による片麻痺（かたまひ）は、脳が損傷を受けた場所の左右逆の方に起こる。

□□ 脊髄（せきずい）を損傷すると、その損傷部位より下の神経が働かなくなるため、腰髄損傷は両下肢の対麻痺、頚髄損傷（けいずいそんしょう）は四肢麻痺が起こる。

□□ 頚髄（C1〜3）損傷は、呼吸障害、四肢麻痺等の重度障害のため全介助。

□□ 頚髄（C7）損傷は、肘を伸ばすこと（プッシュアップ）が可能。

□□ 胸髄（きょうずい）（T7〜12）損傷は、座位バランスほぼ安定。介助は必要に応じて行う。

障害受容のプロセス

□□ 障害を受容していく過程（プロセス）は、①ショック期 → ②否認期 → ③混乱期 → ④努力期 → ⑤受容期（適応期）の段階をたどる。

□□ ショック期とは、障害を受けた直後で現実を実感することが難しい。

□□ 否認期とは、障害を認められず否定し、回復を期待する時期。

□□ 混乱期とは、現実の状況を否定できないことを実感し、怒り、抑うつ（よく）、苦悩を体験する時期。

□□ 努力期とは、混乱が落ち着き価値転換が生じ、前向きになり出す時期。

□□ 受容期とは、障害を受け入れ適応していき、自分らしさを取り戻す時期。

テーマ
20

精神障害・知的障害・発達障害

知的障害

- □□ 知的障害とは、知的機能の障害が**発達期に現れ**、**言語機能**、**運動機能**、コミュニケーション能力等の低下が見られ、日常生活に支障を生じること。
- □□ 知的障害の原因には、**染色体異常（ダウン症候群）**や**先天性代謝異常（フェニルケトン尿症）**などがある。
- □□ 知的障害がある場合は、てんかんの合併率が高い。

脳性麻痺

- □□ 脳性麻痺は、**出生前から出生4週まで**の脳の損傷による**運動機能障害**のこと。
- □□ 脳性麻痺の分類には、痙直型やアテトーゼ（不随意運動）型などがある。

精神障害

[統合失調症]

認知機能障害	集中力や記憶力が低下し、適切に判断できない
陽性症状	幻覚（幻聴が多い）や妄想
陰性症状	感情の平板化、意欲低下

- □□ 慢性の経過をたどり、抗精神病薬による薬物療法が用いられる。
- □□ 社会復帰の支援に社会生活技能訓練（SST）がある。

[うつ病]

- □□ 症状は抑うつ気分、思考力・活動量減少、睡眠障害、易疲労、自殺念慮など。
- □□ 老年期では身体症状の訴えが強く、若年者と比べうつ気分は軽いことが多い。励ましは負担に感じる場合がある。

[躁うつ病（双極性障害）]

☐☐ 躁状態とうつ状態があり、躁状態では気分が持続的に高揚し、**観念奔逸**（ほんいつ）、自尊心の肥大、**多弁**、注意散漫などが見られる。

発達障害

☐☐ 広汎性発達障害は、自閉症やアスペルガー症候群などの総称で、**自閉症スペクトラム障害**ともいわれる。

☐☐ 自閉症スペクトラム障害とは、①コミュニケーションの障害、②社会性・対人関係の障害、③想像力の欠如やこだわりの強さといった特徴がある。

☐☐ アスペルガー症候群は認知機能や言葉の発達に遅れが見られない。

☐☐ こだわりが強く、状況が変化することへの不安が強いので、予定は前もって具体的に、わかりやすく説明する。

☐☐ 予定の変更がある場合は、メモや絵を使いながら、ゆっくり説明する。

☐☐ ジェスチャー等から意味を読み取るのが苦手なので、言葉で丁寧に伝える。

☐☐ 複数の情報を提示すると混乱するので、一つずつ伝える。

☐☐ **ペアレント・メンター**とは、一定のトレーニングを受けて、悩んでいる親の相談に応じ支援する、発達障害の子育て経験のある親のこと。

■ 学習障害（LD）の特徴と支援

特徴	聞く、話す、読む、書く、計算するといった学習に必要な能力のうち、1つか2つの限局的な障害が見られる。
支援	個別の指導プログラムを作成して関わる必要がある。

■ 注意欠陥多動性障害（ADHD）の特徴と支援

特徴	①不注意（集中力がない、まわりの刺激に気をとられやすい） ②多動性（じっとしていられない、一方的にしゃべり続ける） ③衝動性（自分の感情を抑えられず、思いついたらすぐに行動する）
支援	安心して集中できる環境をつくる。ルールやマナーの指導とともに、一人ひとりの才能が発揮できるように支援する。

テーマ 21 パーキンソン病・その他の難病

- □□ 難病とは「難病の患者に対する医療等に関する法律（難病法）」によると、発病の成り立ちが明らかではなく、かつ治療法が確立していない希少な疾病で、長期にわたり療養を必要とする病気と定義されている。
- □□ 指定難病は、医療費補助の対象となる難病で、341疾患ある。

パーキンソン病

- □□ 神経伝達物質であるドーパミンが減少して発症する神経変性疾患である。
- □□ 50～65歳の発症が多く、ゆっくりと進行する。
- □□ 薬物療法による治療では、L-ドーパが用いられる。

■ パーキンソン病の四大症状

筋固縮	筋肉がかたくなる。顔の筋肉がこわばる。	
安静時振戦	じっとしているときに手足がふるえる。	
無動・寡動	動作が遅く、ゆっくりとなる。	仮面様顔貌（表情が乏しくなる）
姿勢保持障害	前方に姿勢が傾き、バランスが悪くなる。	すくみ足（歩き始めの一歩目が出にくい） 加速歩行（歩くと次第に歩行速度が速くなり、立ち止まることが難しくなる） 小刻み歩行（歩幅が極端に狭くなる）

- □□ 四大症状以外に、便秘、起立性低血圧、嚥下障害といった自律神経系の症状も現れる。
- □□ 進行すると、不安や抑うつ、幻覚といった精神症状も現れる。

ステージⅠ	一側性の障害。機能障害は軽度あるいは無い。
ステージⅡ	両側性の障害。平衡機能障害は無い。
ステージⅢ	軽度から中等度の機能障害。**姿勢保持障害**。独立生活可能。
ステージⅣ	高度の機能障害。歩行・起立は何とか可能。一人での生活は困難。
ステージⅤ	介助がない限り、寝たきりまたは車いすの生活。

筋萎縮性側索硬化症（ALS）

□□ 運動神経細胞の減少により、筋萎縮を起こす病気。

□□ 手・指などの筋萎縮から始まり、ほぼ全身の筋肉がやせて筋力低下となる。

□□ 舌の筋萎縮にて嚥下障害も生じる。

□□ 呼吸筋の筋力低下も起こり、人工呼吸器が必要になる場合が多い。

□□ 視力や聴力、感覚認知機能はほとんど維持される。

その他の難病

□□ 脊髄小脳変性症は、脊髄と小脳に関連した原因不明の神経変性疾患で、主症状は**運動失調**。ふらついたり、歩幅が一定でない失調性歩行となる。

□□ 脊髄小脳変性症の自律神経症状は、**起立性低血圧、排尿障害、発汗障害**。

□□ クロイツフェルト・ヤコブ病は、感染性を有する異常プリオン蛋白による神経変性による病気で、「プリオン病」とも呼ばれる。

□□ クロイツフェルト・ヤコブ病は、認知症の症状や運動失調（不随意運動など）が急速に現れ、1〜2年ほどで死に至る。

□□ 筋ジストロフィーは、筋線維の変性により筋力低下が進行する遺伝性筋疾患である。

□□ 潰瘍性大腸炎は、若年者から高齢者まで発症する。

□□ 潰瘍性大腸炎の主症状は大腸の潰瘍、びらん。便に血が混じる。

□□ 網膜色素変性症の初期症状は、暗い場所で見えにくくなる**夜盲**と求心性の視野狭窄である。

テーマ **1**

リスクマネジメント

リスクマネジメント

☐☐ 2011（平成23）年に「社会福祉士及び介護福祉士法」が改正され、2012（平成24）年度から一定の研修（基本研修、実地研修）を受けた介護福祉士が「医行為」である医療的ケアを行うことが可能になった。

☐☐ 介護職員が喀痰吸引等を行うためには、都道府県に登録して認定特定行為業務従事者認定証の交付を受ける必要がある。

☐☐ 喀痰吸引等を実施する登録事業者になるためには、医療関係者との連携や安全確保措置等の一定の要件を満たして申請する必要がある。

☐☐ 医療的ケアは、実施前に必ず医師の指示書の確認を行う。

☐☐ 医師の指示書の有効期限は6か月。

☐☐ 医療的ケア実施時は、清潔保持と感染予防の徹底が大切である。

☐☐ 急変に備えて、応急処置や一次救命処置の習得が必要である。

☐☐ リスクマネジメントを適切に行うためには、ヒヤリ・ハット（インシデント）報告や、事故（アクシデント）報告の実施が効果的である。

☐☐ ハインリッヒの法則とは、1件の重大な事故の背景には、29件の軽い事故があり、さらに300件のヒヤリ・ハットが起きているというもの。

☐☐ 人工呼吸器装着者には、吸引後必ず人工呼吸器の作動状況を確認する。

■ハインリッヒの法則

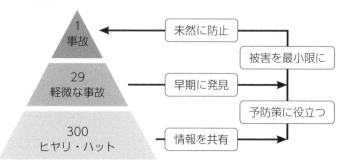

スタンダードプリコーション（標準予防策）

□□ 感染予防の徹底のためには、スタンダードプリコーションを実践する。

すべての利用者の血液、体液（汗を除く）、分泌物（痰、唾液、鼻水、膿）、排泄物（尿、便、嘔吐物）、粘膜、傷のある皮膚は、感染の危険性があると捉える。

利用者も介護者も感染を防ぐために、
感染症の有無を問わず、
すべての利用者を対象に予防策を実施する。

正しい手洗い　　マスク　　手袋

汚染物の適切な処理　　適切な消毒※

※複数の消毒液を混ぜて使用すると化学反応を起こすことがあるため、混ぜて使用しない。

□□ 感染予防の三原則は、①感染源を取り除く、②感染経路の遮断、③抵抗力を高める。

□□ 消毒とは、人体に有害な微生物の数を減らすこと。

□□ 滅菌とは、すべての微生物を死滅させる、または除去すること。

□□ 滅菌物には有効期限がある。

［感染予防の実際］

□□ 医療的ケア（喀痰吸引・経管栄養）実施前後に流水と石鹸で手洗いを行う。

□□ 使い捨て手袋は1回のケアごとに交換し、手袋をはずしたら手洗いを行う。

□□ 感染予防のため、吸引や経管栄養実施者への口腔ケアは大切である。

□□ 気管カニューレ内吸引では、滅菌精製水を使用する。

□□ 気管カニューレ内吸引では、無菌操作を徹底する。

□□ 経管栄養終了時、白湯を30～50ml注入し栄養剤を洗い流す。

□□ 室内の空気は清浄に保つ。

テーマ 2

喀痰吸引の実際・注意点

喀痰吸引

□□ 医療的ケア実施のためには、呼吸のメカニズムの知識が必要である。

①換気とは、一定のリズムで酸素を取り込み、二酸化炭素を排出すること。

②呼吸運動は、主に横隔膜、肋間筋などの筋肉が連動している。

③ガス交換（外呼吸）は、肺胞内で行われている。

④成人の正常な呼吸数は、1分間に 12 〜 18 回程度である。

⑤気管は空気の通り道で、気管内の粘液は、空気中の異物をとらえる。

⑥気管粘膜のせん毛運動は、痰を口腔の方へ移動させる。

□□ 痰が増加するのは、食後、入浴中・後、清拭などのケアの後である。

□□ 介護福祉士が実践できる範囲（咽頭までの長さは、個人差があるので注意）

口腔内吸引

咽頭の手前まで
（目安6cm 程度）

鼻腔内吸引

咽頭の手前まで
（目安8cm 程度）

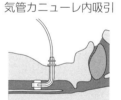

気管カニューレ内吸引

気管カニューレ内のみ
（目安10cm 程度）

□□ 実施する前に、必ず医師の指示書を確認する。

□□ 施行前に、流水と石鹸で手を洗い感染予防を心がける。

□□ 医師の指示書に従い、適切な吸引圧、吸引時間、チューブの太さを守る。

□□ 口腔・鼻腔内吸引時は吸引チューブを親指で押さえ、吸引圧をかけない。吸引圧をかけると、粘膜損傷のおそれがある（準備時に陰圧を確認）。

□□ 気管内吸引時は、痰が気管の奥にいかないよう少し圧をかけながら挿入する。

□□ 気管内吸引が長引いたとき、呼吸状態が悪いときなどは、医療職へ報告する

とともに、パルスオキシメーターで動脈血酸素飽和度を測定する。

□□ 利用者への吸引の説明は実施毎に行い、実施の際は優しい声かけを忘れない。

□□ 全身状態や呼吸状態、吸引物を観察し、実施後は医療者への報告を行う。

□□ 呼吸チューブの保管方法には、乾燥法と浸漬法がある。

□□ 吸入びんは、吸引物が 70 ～ 80％になる前に吸引物を廃棄する。

■ 喀痰吸引中のトラブル対処法

顔色が悪くなった 呼吸状態が悪くなった 吸引時間が長くなった	・ただちに吸引を中止し、気道確保 ・すぐに看護職に連絡 ・パルスオキシメーターで動脈血酸素飽和度チェック（基準値 95 ～ 100％）
出血した	・ただちに吸引を中止する ・顔を横に向け、口腔・鼻腔内を観察 ・すぐに看護職に連絡
1 回の吸引で取りきれなかった	・すぐに吸引を行うのではなく、呼吸が落ち着くのを確認してから行う ・体位ドレナージを行う
嘔吐した	・ただちに吸引を中止し、顔を横に向ける ・すぐに看護職に連絡
口腔・鼻腔内吸引時 吸引チューブが入りにくい 咽頭反射が強い	・ベッドを 10 ～ 30°程度挙上すると、吸引チューブが挿入しやすく、吐き気をもよおしにくい
粘性の痰である	・せん毛運動の活発化のため水分補給を行う ・室内の空気を清浄に保ち、湿度を 50 ～ 60％にする

ゴロ合わせ

口腔内・鼻腔内吸引の範囲

九　はいつも十　の手前
（吸引）　　　（咽頭）　（手前まで）

テーマ 3

経管栄養の実際・注意点

経管栄養法

☐☐ 経管栄養法が必要なとき
①摂食・嚥下機能が低下しているとき → 脳血管障害、加齢、認知症など
②低栄養状態、脱水状態のとき

☐☐ 経管栄養の種類

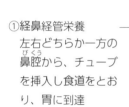
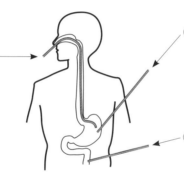

①経鼻経管栄養
左右どちらか一方の鼻腔から、チューブを挿入し食道をとおり、胃に到達

②胃ろう経管栄養
手術により腹部の表面から胃まで、ろう孔を造設しチューブを留置

③腸ろう経管栄養
手術により腹部の表面から空腸にろう孔を造設しチューブを留置

☐☐ 経鼻経管栄養チューブが胃に挿入されていることの確認は、看護職が行う。

☐☐ 実施する前に、必ず医師の指示書で、栄養剤の内容や量、注入時間を確認する。

☐☐ 施行前に、流水と石鹸で手を洗い感染予防を心がける。

☐☐ 部屋を訪問したら、まず初めに、利用者の名前を確認する。

☐☐ 上半身を 30 〜 60° 起こし、逆流を防ぐ。

☐☐ 栄養剤の液面と胃との高さとの差を、50cm 以上とする。

☐☐ 医師の指示書どおりの滴下数に合わせる。

☐☐ 栄養剤注入後 30 〜 60 分は上体を起こしたままにする。

☐☐ 半固形タイプの栄養剤（粘稠度が高い）は、食道への逆流や腸の蠕動運動の

改善の効果が期待できる。

□□ 使用した備品を洗い、次亜塩素酸ナトリウムを使用して消毒、乾燥を行う。

□□ 全身状態や気分等の観察を行い、実施後は医療者への報告を行う。

□□ チューブ挿入部周囲が汚れていたら、ぬるま湯で濡らしたガーゼで拭き取る。

□□ 経管栄養チューブの固定状況の確認は、挿入前・挿入中・挿入後に行う。

■ 経管栄養中のトラブルの原因・対処法

吐き気がする 嘔吐した	（原因）・注入速度が速すぎる
	（対処法）・ただちに注入を中止し、看護職に連絡 ・顔を横に向け、誤嚥防止する
腹痛 下痢をした	（原因）・注入速度が速すぎる ・栄養剤が冷たい、濃度が高すぎる ・不潔（手洗い・洗浄不足・栄養剤の使用期間切れ）
	（対処法）・腹痛が強い場合はすぐに中止し、看護職に連絡 ・注入速度を遅くする
腹部膨満感	（原因）・腹部の圧迫 ・注入速度が速すぎる
	（対処法）・腹部の圧迫を取り除く ・嘔気・嘔吐、腹痛の確認後、看護職に連絡
呼吸状態の変化 苦しそうな表情	（原因）・チューブが抜けて気管に流れ込む
	（対処法）・ただちに注入を中止し、看護職に連絡
スキントラブル （発赤・膿・出血・ 不良肉芽）	（原因）・絆創膏かぶれ、栄養剤や消化液のもれ ・感染を起こしている
	（対処法）・すぐに看護職に連絡
便秘	（原因）・腸の蠕動運動の低下
	（対処法）・適度な運動（歩行など）

福祉に関わるマーク

福祉用具 JIS マーク

経済産業省の管轄のもと、第三者認証機関である JIS 登録認証機関によって製品が認証された福祉用具に付けられるマーク。

オストメイト用設備／オストメイト

(出典：公益財団法人交通エコロジー・モビリティ財団)

オストメイトとは、人工肛門・人工膀胱を造設している排泄機能に障害のある障害者のこと。オストメイトであることと、オストメイト対応のトイレがあることを表す。

障害者のための国際シンボルマーク

障害者が利用できる建物、施設であることを明確に表すための世界共通のシンボルマーク。

聴覚障害者標識（聴覚障害者マーク）

聴覚障害であることを理由に免許に条件を付されている人が運転する車に表示するマーク。

ハート・プラスマーク

身体内部に障害がある人を表すマーク。

避難場所

災害時の避難場所を表すマーク。

問 題 編

1 人間の尊厳・人権・自立と関連法規

問1　日本国憲法第25条には、すべて国民は、個人として尊重されるとする個人の尊重が規定されている。

問2　介護保険法第1条には、福祉サービスの利用者の利益の保護及び地域における社会福祉の推進を図ることが規定されている。

問3　糸賀一雄が提唱した「この子らを世の光に」という思想は、人間の発達保障に該当する。

問4　利用者の自立支援における最終的な目標は、ADL（日常生活動作）を改善することである。

問5　ストレングスとは、意思表示が困難な利用者に代わり、本人の意思やニーズを相手に伝え、その人の権利を守ることである。

問6　ナショナル・ミニマムの理念は、全人間的復権を目指すことである。

問7　ノーマライゼーションはスウェーデンのニィリエが提唱し、後にデンマークのバンク-ミケルセンがノーマライゼーションの8つの原理を唱えた。

問8　ノーマライゼーションとは、ケアする人とケアされる人の相互作用によって、両者がともに人として成長する関係性を示した考え方である。

問9　自立支援とは、強い立場にある者が弱い立場にある者の利益を守るために、本人の意思を問わずに支援を行うことである。

問10　ソーシャルインクルージョンとは、生活課題の解決に向けて、利用者や家族等が本来持っている潜在的な力を引き出すことである。

答1 ✕ 日本国憲法第25条には、すべて国民は、健康で文化的な最低限度の生活を営む権利を有するとする生存権が規定されている。

答2 ✕ 社会福祉法第1条の内容である。介護保険法第1条には、介護が必要となった者等が尊厳を保持し、その有する能力に応じ自立した日常生活を営むことができるよう、保険給付を行うことが規定されている。

答3 ◯ 「この子ら」は知的障害のある子ども等を指す。糸賀一雄は、たとえ障害があって生まれてきたとしても、一人ひとりかけがえのない存在であること、そして障害のある子どもたちの発達保障の必要性を提唱した。

答4 ✕ 利用者の自立支援では、利用者の生活の質（QOL）の向上や利用者の自己実現等を最終的な目標としている。

答5 ✕ 権利擁護（アドボカシー）の説明である。ストレングスとは、利用者が持つ意欲、能力、嗜好、過去の生活経験で得たスキル等の強みを意味する。

答6 ✕ ナショナル・ミニマムとは国が保障すべき最低限度の生活水準を意味する。全人間的復権を目指すのはリハビリテーションの理念である。

答7 ✕ ノーマライゼーションはデンマークのバンク-ミケルセンが提唱し、後にスウェーデンのニィリエがノーマライゼーションの8つの原理を唱えた。

答8 ✕ メイヤロフが著書 "On Caring" の中で記したケアリングの説明である。ノーマライゼーションとは、障害がある人も他のすべての人々と同じように普通（ノーマル）の生活が送れるように環境や条件の整備を目指す考え方である。

答9 ✕ パターナリズムの説明である。自立支援とは利用者が自らの意思に基づいて自己選択・自己決定を行い、主体的な生活や社会参加ができるように支援を展開することである。

答10 ✕ エンパワメントの説明である。ソーシャルインクルージョンとは「社会的包摂」と訳され、あらゆる人々が社会の構成員として包み支え合って生活する地域社会のあり方を意味する。

領域Ⅰ 人間の尊厳・人権・自立と関連法規

2 コミュニケーション

問1
利用者とのコミュニケーション場面で、介護福祉職が行う自己開示は、ジョハリの窓の「開放された部分」を大きくするために行う。

- -

問2
ラポールとは、利用者が援助者からわかりやすい十分な説明を受け、それを理解・納得した上で同意することである。

- -

問3
自己覚知とは、支援者自身の氏名や支援者としての役割等について説明することをいう。

- -

問4
バイステックによる非審判的態度の原則とは、援助者自身の価値観で利用者を一方的に肯定することである。

- -

問5
バイステックによる意図的な感情表出の原則とは、利用者が自由に感情を表出できるように、意図的に関わることである。

- -

問6
筆談や手話は、言語的コミュニケーションである。

- -

問7
共感的態度とは、利用者の言葉や感情等を評価せず、そのままを受けとめることである。

- -

問8
初対面の利用者とコミュニケーションをとる際は真正面に座り、常に視線を合わせる。

- -

問9
コミュニケーションでは、閉じられた質問をする方が、相手の気持ちを理解しやすい。

- -

問10
「どのようなことでお困りでしょうか」という質問方法は、閉じられた質問である。

答1 ○
「開放された部分」は<u>自分</u>も<u>他者</u>も知っている部分となる。「<u>開放</u>された部分」を<u>大きく</u>し、介護福祉職は自己への気づきを促し、利用者とのコミュニケーションの円滑化を図る必要がある。

答2 ✕
<u>インフォームドコンセント</u>の説明である。ラポールとは、利用者と援助者との<u>信頼関係</u>を意味する用語である。

答3 ✕
<u>自己開示</u>の説明である。自己覚知とは、支援者が自分自身の性格や行動傾向等を<u>理解</u>することをいう。

答4 ✕
<u>非審判的態度</u>とは、援助者が自らの価値観だけで利用者を一方的に<u>非難</u>したり<u>否定したりしない</u>ことである。

答5 ○
<u>意図的</u>な感情表出とは、利用者が負の感情も含めて率直に自由に感情を<u>表現</u>できるように、援助者が意図的に働きかけることである。

答6 ○
筆談や手話のほか、<u>会話</u>、<u>手紙</u>、<u>メール</u>等は<u>言語的コミュニケーション</u>となる。非言語的コミュニケーションには<u>表情</u>や<u>態度</u>、<u>視線</u>、<u>姿勢</u>、<u>服装</u>等が該当する。

答7 ✕
<u>受容</u>の説明である。共感的態度は、利用者の視点に立って、その人の思いや感情を<u>察し</u>、それを<u>共有</u>しようと努める姿勢を意味する。

答8 ✕
対面法で真正面に座ると相手が<u>緊張</u>することもあるため、<u>直角法</u>で相手の<u>斜め前</u>に座る。監視されている印象を与えないよう、視線は<u>適度</u>に合わせる。

答9 ✕
コミュニケーションでは、自分の考えや思いを語ることができる<u>開かれた質問</u>をする方が、相手の気持ちを理解しやすい。

答10 ✕
「どのようなことでお困りでしょうか」という質問方法は、<u>開かれた質問</u>である。

3 個人の権利を守る法制度・事業

問1　成年後見制度とは、身体障害者の意思決定能力を補い、その権利を守る制度である。

問2　法定後見制度は、判断能力が低下する前にあらかじめ本人が任意後見人と契約する制度である。

問3　個人情報を第三者に提供する際は、原則として本人の同意が必要である。

問4　法定後見制度で申し立てができる人は、本人と配偶者、3親等内の親族に限られている。

問5　法定後見制度は後見と保佐で構成される。

問6　法定後見制度では、財産管理と身上監護の支援が受けられるが、身上監護に介護行為は含まれていない。

問7　日常生活自立支援事業の対象者は、判断能力は不十分ながらも契約内容を理解できる能力があることが前提となる。

問8　日常生活自立支援事業の専門員は、利用者の依頼によって、日常的な金銭管理や預貯金の払い戻しを行うことができる。

問9　日常生活自立支援事業の実施主体は、市町村社会福祉協議会である。

問10　音声は、個人情報の対象となる。

答1 ✕ 成年後見制度とは、認知症のある人や知的障害者、精神障害者等、<u>判断能力が不十分</u>で<u>意思決定が困難な人</u>たちの権利を守る制度である。

- -

答2 ✕ <u>任意後見制度</u>の説明である。法定後見制度は、<u>すでに判断能力が不十分</u>な状態となった場合に親族等の申し立てによって<u>家庭裁判所</u>が支援する人（後見人、保佐人、補助人）を選ぶ制度である。

- -

答3 ◯ <u>個人情報保護法</u>に基づき個人情報を第三者に提供する際は、原則として<u>本人の同意</u>が必要である。なお、2022（令和4）年の改正法施行（しこう）により、第三者提供記録が本人による<u>開示請求</u>の対象となった。

- -

答4 ✕ 法定後見制度で申し立てができる人は、<u>対象者本人</u>、<u>配偶者</u>、<u>4親等内の親族</u>、<u>市町村長</u>等である。

- -

答5 ✕ 法定後見制度は①<u>後見</u>、②<u>保佐</u>、③<u>補助</u>の3類型で構成される。

- -

答6 ◯ 本人に代わって支援する人（後見人、保佐人、補助人）が預貯金（よちょきん）を管理する<u>財産管理</u>やサービスの利用手続き等の<u>身上監護</u>を実施する。

- -

答7 ◯ 日常生活自立支援事業の対象者が成年後見制度と異なる点は、判断能力は<u>不十分</u>ながらも契約内容を<u>理解できる能力</u>を持っていることである。

- -

答8 ✕ 日常生活自立支援事業の専門員は<u>相談</u>や<u>契約</u>、<u>支援計画の作成</u>を担う。福祉サービスの利用援助や日常的な金銭管理、書類等の預かりといった実際のサービス提供を行うのは<u>生活支援員</u>である。

- -

答9 ✕ 日常生活自立支援事業の実施主体は、<u>都道府県社会福祉協議会</u>または<u>指定都市社会福祉協議会</u>である。

- -

答10 ◯ <u>音声</u>のほか、<u>映像</u>や<u>電磁的記録</u>、<u>個人識別符号</u>（ふごう）等も個人を特定できる情報となり得る。なお、個人識別符号には<u>指紋</u>（しもん）、<u>DNA</u>、<u>マイナンバー</u>、<u>パスポート</u>や<u>運転免許証</u>の番号等が該当する。

領域I

個人の権利を守る法制度・事業

135

4 高齢者・障害者の虐待防止と障害者差別解消

問1 高齢者虐待防止法では、65歳以上の高齢者に対する養護者による虐待のみを「高齢者虐待」と定義している。

問2 高齢者虐待防止法に基づき、虐待を受けたと思われる高齢者を発見した人は、速やかに市町村に通報する。

問3 高齢者虐待防止法に基づいて立ち入り調査を行う場合は、状況によっては警察署長に援助を求めることもできる。

問4 高齢者虐待における被虐待者は女性が多く、虐待者は娘が最も多い状況である。

問5 障害者差別解消法に基づき、車いすを使用している障害のある人がバスに乗車する際に、支援を依頼された乗務員が身体障害者手帳の提示を求めて乗車を許可した。

問6 障害者虐待防止法では、使用者に虐待を受けたと思われる障害者を発見した場合には、市町村または都道府県に通報しなければならない。

問7 高齢者虐待として、高齢者に著しい暴言を吐くことは、身体的虐待に該当する。

問8 障害者差別解消法でいう不当な差別的取り扱いの禁止とは、障害の状況に適した対応を周囲の人たちが実施することである。

問9 利用者が自力で降りることができないよう、ベッドをベッド柵で囲む行為は、身体拘束に該当する。

問10 聴覚障害のある学生が試験での配慮を申し出た場合、試験問題の文字を拡大する。

答1 ✕ 高齢者虐待防止法では、65歳以上の高齢者に対する<u>養護者</u>と<u>養介護施設従事者</u>等による虐待を「高齢者虐待」と定義している。

答2 ◯ 早期発見のためにも、虐待を受けたと思われる高齢者を発見した人は、速やかに<u>市町村</u>に通報<u>する</u>。

答3 ◯ 立ち入り調査は市町村が<u>地域包括支援センター</u>の職員等に命じて実施するが、状況によっては<u>警察署長</u>に援助を求めることもできる。

答4 ✕ 高齢者虐待を受けた人（被虐待者）は<u>女</u>性が多く、高齢者虐待をした人（虐待者）は<u>息子</u>が最も多くなっている。

答5 ✕ 法の対象は「障害者手帳」を持っている人<u>だけではない</u>。「身体障害者手帳の提示を求めて乗車を許可した」ということは、身体障害者手帳がなければ乗車を拒否することになるともいえ、<u>不当な差別的取り扱い</u>につながる。

答6 ◯ 障害者虐待防止法では、使用者に虐待を受けたと思われる障害者を発見した場合には、速やかに<u>市町村</u>または<u>都道府県</u>に通報する<u>義務がある</u>。

答7 ✕ <u>心理的</u>虐待に該当する。身体的虐待は、身体に外傷が生じる暴行や外傷が生じるおそれのある暴行、正当な理由がない<u>身体拘束</u>等を行うことをいう。

答8 ✕ <u>合理的配慮</u>の説明である。不当な差別的取り扱いの禁止は行政機関、民間事業者ともに<u>義務</u>となっており、障害を理由としたサービスの提供拒否等を<u>禁止</u>している。

答9 ◯ 身体拘束に該当する行為には、ベッドを<u>ベッド柵</u>で囲む行為、ベッドに体幹や四肢を<u>ひもで縛る</u>行為、<u>つなぎ服</u>を着せる行為等が含まれる。

答10 ✕ 視覚障害ではないため、試験問題の文字を拡大する必要はない。聴覚障害があるため、試験監督者が口頭で説明する内容を<u>書面で渡す</u>等の<u>合理的配慮</u>が求められる。

5 社会保障

問1
社会保障とは、国が個人の努力だけでは対応できない生活上のリスクを予防または救済し、最低限度の生活を保障する制度のことである。

問2
社会保障におけるリスク分散とは、所得を個人や世帯の間で移動させることで、所得格差の縮小や低所得者の生活の安定を図る機能のことである。

問3
社会保障における所得再分配とは、自助努力だけでは対応困難な生活上のリスクを社会全体で支え合い、そのリスクに伴う影響力を低減させる機能のことである。

問4
日本の社会保険には医療保険、年金保険、雇用保険、介護保険の4種類がある。

問5
医療保険は、業務内の事由による疾病や傷病等を保険事故とする。

問6
介護扶助の支給方法は、原則として現物給付である。

問7
生活保護法では介護保険料が介護扶助費、介護保険サービスの自己負担分が生活扶助費として支給される。

問8
日本では1961（昭和36）年に国民皆保険・皆年金体制が確立した。

問9
社会保障給付費の財源では、税の占める割合が最も大きい。

問10
社会保障給付費を部門別にみた場合、「医療」が最も多く、次いで「年金」、「福祉その他」である。

答1 ○

社会保障とは、公的な仕組みを通じて個人の自助努力だけでは対応困難な生活上のリスクを<u>予防</u>または<u>救済</u>し、<u>ナショナル・ミニマム</u>（国が保障すべき<u>最低限度の生活水準</u>）を実現することである。

答2 ✕

社会保障における<u>所得再分配</u>では、所得の高い人から所得の低い人へというように、所得を個人や世帯の間で移動させ、所得格差の縮小や低所得者の生活の安定を図る。

答3 ✕

社会保障における<u>リスク分散</u>では、個人の自助努力だけでは対応困難な生活上のリスクを社会全体で支え合うことで、そのリスクに伴う影響力を低減させる。

答4 ✕

日本の社会保険には<u>医療</u>保険、<u>年金</u>保険、<u>雇用</u>保険、<u>労働者災害補償</u>保険、<u>介護</u>保険の5種類がある。

答5 ✕

<u>労働者災害補償保険</u>の説明である。医療保険は、<u>業務外</u>の事由による疾病や傷病等を<u>保険事故</u>とし、主に医療を<u>現物給付</u>によって支給する。

答6 ○

生活保護の中にある介護扶助は、原則として<u>現物給付</u>の方法で支給される。ただし、福祉用具や住宅改修の一部は現金給付の方法によって支給される。

答7 ✕

生活保護法では介護保険料が<u>生活扶助費</u>、介護保険サービスの自己負担分が<u>介護扶助費</u>としてそれぞれ支給される。

答8 ○

日本では<u>1961</u>（昭和36）年に、すべての国民が何かしらの医療保険制度と年金保険制度に加入しなければならないとする<u>国民皆保険・皆年金体制</u>が確立した。

答9 ✕

社会保障給付費の財源に占める割合が最も大きいのは<u>社会保険料</u>で、次いで公費（税金）となっている。

答10 ✕

社会保障給付費を部門別にみた場合、「<u>年金</u>」が最も多く、次いで「医療」、「福祉その他」である。「福祉その他」では特に「<u>介護対策</u>」の費用増加が目立つ。

6 介護保険制度（1）

問1　2020（令和2）年の社会福祉法等の改正では、包括的な支援体制の構築が謳われ、その一環として重層的支援体制整備事業の創設が盛り込まれた。

問2　介護保険制度の保険給付の財源は、公費50％と保険料50％から構成される。

問3　介護保険制度の保険者は、都道府県である。

問4　介護保険制度の第1号被保険者とは、市町村の区域内に住所を有する65歳以上の医療保険加入者をいう。

問5　介護保険制度の第2号被保険者とは、市町村の区域内に住所を有する40歳以上75歳未満の者をいう。

問6　介護保険制度における特別徴収とは、年額18万円未満の年金受給者が、直接、市町村に介護保険料を納付することである。

問7　介護保険制度の第2号被保険者が保険給付を受けるためには、特定疾病が原因で要介護状態等にあることが要件となる。

問8　介護保険制度の申請では、本人や家族に代わって民生委員が行うことができる。

問9　介護予防・日常生活支援総合事業に含まれる事業として第1号訪問事業（訪問型サービス）がある。

問10　介護老人保健施設の利用は、原則として要介護3以上である。

答1 ○

市町村の包括的な支援体制の構築が謳われ、属性・世代を問わない相談支援、参加支援、地域づくりを図るため、<u>重層的支援体制整備事業</u>が創設された。

答2 ○

介護保険制度の保険給付の財源は、<u>公費</u>50%（調整交付金＋国＋都道府県＋市町村）と<u>保険料</u>50%（第1号保険料＋第2号保険料）から構成される。

答3 ✕

介護保険制度の保険者は、<u>市町村及び特別区</u>である。

答4 ✕

介護保険制度の第1号被保険者とは、市町村の区域内に住所を有する<u>65歳以上の者</u>をいう。

答5 ✕

介護保険制度の第2号被保険者とは、市町村の区域内に住所を有する<u>40歳以上65歳未満</u>の<u>医療保険加入者</u>をいう。

答6 ✕

<u>普通徴収</u>の説明である。年額18万円以上の年金受給者の場合は、年金から介護保険料を<u>天引</u>（てんび）きし、市町村に納付する<u>特別徴収</u>となる。

答7 ○

第2号被保険者が保険給付を受けるためには、末期のがん、関節リウマチ等、老化に起因する<u>特定疾病</u>が原因で<u>要介護</u>状態や<u>要支援</u>状態にあることが要件となる。

答8 ○

介護保険制度の申請では、本人や家族に代わって<u>民生委員</u>や<u>成年後見人</u>、<u>地域包括支援センター</u>、<u>介護保険施設</u>等が行うことができる。

答9 ○

<u>地域支援事業</u>のうち<u>介護予防・日常生活支援総合事業</u>に含まれる介護予防・生活支援サービス事業のなかに<u>第1号訪問事業</u>（訪問型サービス）や<u>第1号通所事業</u>（通所型サービス）等がある。

答10 ✕

介護老人保健施設は要介護<u>1～5</u>を対象としている。原則として要介護3以上を入所の対象としているのは<u>介護老人福祉施設</u>である。

領域Ⅰ　介護保険制度（1）

7 介護保険制度（2）

問1
要介護（要支援）認定の審査判定は、介護保険審査会によって行われる。

問2
要介護（要支援）認定の結果に不服がある場合は、市町村が設置する介護認定審査会に不服申し立てができる。

問3
居宅サービス計画は、相談支援事業所の相談支援専門員が作成する。

問4
訪問介護における生活援助の内容には、通帳と印鑑の預かりも含まれる。

問5
2018（平成30）年に施行された介護保険制度では、一定以上の所得のある利用者に対して2割負担が導入された。

問6
施設サービスの指定・監督は、市町村が行う。

問7
訪問介護計画書は、訪問介護事業所に配置されているサービス提供責任者が作成する。

問8
夜間対応型訪問介護の利用者は、原則として事業所のある市町村の住民となる。

問9
定期巡回・随時対応型訪問介護看護は、通所や短期入所のサービス、訪問介護に加え、訪問看護も組み合わせて提供することができる。

問10
共生型サービスの創設により、介護保険法または障害者総合支援法のいずれかの指定を受けている事業所が、もう一方の制度における指定も受けやすくなる。

答1 ✕　要介護（要支援）認定の審査判定は、市町村が設置した<u>介護認定審査会</u>が行う。

答2 ✕　要介護（要支援）認定の結果に不服がある際は、<u>都道府県が設置する介護保険審査会</u>に不服申し立てが<u>可能である</u>。

答3 ✕　障害者総合支援法における<u>サービス等利用計画</u>の説明である。居宅サービス計画は、基本的に居宅介護支援事業所の<u>介護支援専門員（ケアマネジャー）</u>が作成する。

答4 ✕　訪問介護の生活援助の内容は、調理・洗濯・掃除等である。<u>通帳と印鑑の預かりや理美容、庭の草むしり</u>等は訪問介護では<u>実施しない</u>。

答5 ✕　2018（平成30）年8月から一定以上の所得のある利用者に対して<u>3割負担</u>が導入された。これにより第<u>1</u>号被保険者である利用者の自己負担は、所得に応じて<u>1</u>割または<u>2</u>割あるいは<u>3</u>割負担となった。

答6 ✕　施設サービスは、<u>都道府県・指定都市・中核市</u>が、指定・監督を行う。

答7 ○　サービス提供責任者は<u>訪問介護事業所</u>に配置が義務付けられており、介護支援専門員が作成した<u>ケアプラン</u>（居宅サービス計画等）に基づいて<u>訪問介護計画書</u>を作成し、その計画に沿ったサービスの提供についても確認する。

答8 ○　夜間対応型訪問介護は<u>地域密着型サービス</u>の一つであるため、原則として<u>事業所のある市町村</u>の住民が利用できる。

答9 ✕　<u>看護小規模多機能型居宅介護</u>の説明である。定期巡回・随時対応型訪問介護看護では、<u>定期巡回サービス、随時対応サービス、随時訪問サービス、訪問看護サービス</u>を提供する。

答10 ○　共生型サービスでは、介護保険サービス事業所が<u>障害福祉サービス事業者</u>の指定を、障害福祉サービス事業所が<u>介護保険サービス事業所</u>の指定を受けやすくなるような特例を設けている。

8 障害者総合支援法

問1 障害者総合支援法において対象となる障害者の範囲には、発達障害者や難病患者も含まれている。

問2 障害者総合支援法の財源は、全額を公費で賄っている。

問3 障害者総合支援法において介護給付を利用する場合に必要となる障害支援区分の判定は協議会で行われる。

問4 障害者総合支援法において訓練等給付を利用する場合、障害支援区分の認定を受ける必要がある。

問5 介護給付や訓練等給付を利用するためには、サービス等利用計画の作成が必要である。

問6 障害者総合支援法におけるサービス等利用計画は、介護支援専門員が作成する。

問7 重度訪問介護では、障害支援区分6の重度障害者に対し、居宅介護、生活介護、短期入所等、複数のサービスを包括的に提供する。

問8 同行援護は、知的障害や精神障害により行動上著しい困難があり、常時介護が必要な人に対し、外出支援等を提供するサービスである。

問9 就労継続支援では、一般企業等への就労を希望する人を対象に一定期間、就労に必要な知識や能力の向上のために必要な訓練を実施する。

問10 介護給付の一つである生活介護では、自宅で入浴・排泄・食事等の介護を行う。

答1 ○
対象となる障害者の範囲には**身体障害者**、**知的障害者**、**精神障害者**（発達障害者を含む）に加え、**難病**等である者も含まれている。

答2 ○
障害者総合支援法の財源は、自己負担分を除き、全額を**公費**で賄う**税**方式である。

答3 ✕
介護給付を利用する際に必要な**障害支援区分**（区分1〜6）の判定は、**市町村審査会**で行われる。

答4 ✕
訓練等給付を利用する場合、**障害支援区分**の認定は**行われない**。

答5 ○
介護給付や訓練等給付を利用するには、介護保険制度の介護サービス計画（ケアプラン）のように、**サービス等利用計画**の作成が**必要となる**。

答6 ✕
障害者総合支援法におけるサービス等利用計画は、**相談支援専門員**が作成する。

答7 ✕
重度障害者等包括支援の説明である。重度訪問介護は障害支援区分**4**以上の**重度**の障害者に、自宅での介護や、外出時の**移動支援**等を提供する。

答8 ✕
行動援護の説明である。同行援護は、**視覚障害**により移動に著しい困難を有する人に対し、移動に必要な**情報**提供や**援助**等を提供するサービスである。

答9 ✕
就労移行支援の説明である。就労継続支援では、一般企業等での就労が**困難**な人を対象に**働く場**を提供するとともに、知識や能力の向上のために**必要な**訓練を実施する。なおA型は雇用型、B型は非雇用型である。

答10 ✕
居宅介護の説明である。生活介護は**障害者支援施設**等で**昼間**、入浴・排泄・食事等の介護や、**創作的**活動や**生産活動**の機会を提供する。

145

1 介護福祉士

問1 介護福祉士国家試験に合格した日から、「介護福祉士」を名乗ることができる。

問2 社会福祉士及び介護福祉士法に規定されている介護福祉士の責務として、介護等に関する知識及び技能の向上に加え、地域生活支援事業を総合的に行うことが挙げられている。

問3 介護福祉士は、福祉サービス関係者等との連携を保たなければならない。

問4 介護福祉士の業務には、利用者とその家族に対する介護に関する指導が含まれている。

問5 介護福祉士には、社会福祉士と同様、信用失墜行為（しんようしっついこうい）の禁止が課せられている。

問6 介護福祉士でなくなった後についても、秘密保持義務は課せられている。

問7 社会福祉士及び介護福祉士法において介護福祉士は、環境上の理由により日常生活を営むのに支障がある者に対して介護を行うことが規定されている。

問8 秘密保持義務に違反した場合は、1年以下の懲役または10万円以下の罰金に処される。

問9 日本介護福祉士会倫理綱領（こうりょう）には、介護福祉士が実施したサービスについて、専門職として責任を負うことが規定されている。

問10 「求められる介護福祉士像」には、介護福祉士は介護職の中で補佐的な役割を担うことが示されている。

答1 ✗ 国家試験合格後、介護福祉士登録簿に<u>登録</u>する必要がある。<u>名称独占</u>の資格となるため、介護福祉士でない者は「介護福祉士」と名乗ることはできない。

答2 ✗ 地域生活支援事業は<u>障害者総合支援法</u>に規定されている。介護等に関する知識及び技能の向上に努めることは<u>資質向上の責務</u>として、社会福祉士及び介護福祉士法に明記されている。

答3 ○ 利用者の認知症等の状況に応じ、福祉サービス等が総合的かつ適切に提供されるよう、<u>福祉サービス関係者等との連携</u>を<u>保たなければならない</u>。

答4 ○ 介護福祉士の業務には、利用者の心身の状況に応じた介護に加え、<u>利用者とその介護者</u>に対して介護に関する指導を行うこと等がある。

答5 ○ 介護福祉士には、介護福祉士の<u>信用を傷つけるような行為</u>をしてはならないという<u>信用失墜行為の禁止</u>が課せられている。

答6 ○ 正当な理由がなく、その業務で知り得た人の秘密を<u>漏らして</u>はならず、それは介護福祉士でなくなった後も同様という<u>秘密保持義務</u>が課せられている。

答7 ✗ <u>身体上</u>または<u>精神上</u>の障害があることにより日常生活を営むのに支障がある者に対して<u>心身の状況</u>に応じた介護を行うことが規定されている。

答8 ✗ 秘密保持義務違反の場合、<u>1</u>年以下の懲役または<u>30</u>万円以下の罰金が科せられることがある。

答9 ○ 日本介護福祉士会倫理綱領第<u>2</u>条では、自己の実施した<u>介護福祉サービス</u>については、常に<u>専門職</u>としての責任を負うと規定している。

答10 ✗ 介護職の中で<u>中核的</u>な役割を担うことが明記されている。

2 ICF

問1 ICF（国際生活機能分類）は、機能障害、能力障害、社会的不利から構成されている。

問2 ICFにおいて活動とは、個人の課題や行為に対する遂行（すいこう）を意味するものである。

問3 「右片麻痺（みぎかたまひ）のため、左手を使って食事をしている」は、ICFにおける心身機能・身体構造と活動の関連を示す。

問4 「床面の性状が柔らかいため、バランスを崩す」は、ICFにおける環境因子と活動の関連を示す。

問5 ICFのうち生活機能は心身機能・身体構造、活動、参加から構成され、背景因子は個人因子と環境因子から構成される。

問6 園芸が好きなことは、ICFの参加に該当する。

問7 「ストレスが溜（た）まると、活力が低下する」は、ICFにおける個人因子と活動の関連を示す。

問8 ICFの環境因子には、近隣住民や民生委員、ボランティア、介護保険サービスが含まれる。

問9 「頸髄損傷（けいずいそんしょう）のため、排泄（はいせつ）のコントロールが困難となった」は、ICFにおける心身機能・身体構造と活動の関連を示す。

問10 「できる活動」とは、自分で自由に普段から行っていることを意味する。

答1 ✕ ICIDH（国際障害分類）の説明である。ICF（国際生活機能分類）は健康状態、心身機能・身体構造、活動、参加、個人因子、環境因子から構成される。

答2 ○ 活動は個人の課題や行為に対する遂行状況を意味する。具体的にはADL（日常生活動作）やIADL（手段的日常生活動作）等の実施状況となる。

答3 ○ 「右片麻痺」は身体機能に関連するため、心身機能・身体構造に該当する。「左手を使って食事をしている」は食事動作となるため、活動に該当する。

答4 ✕ 「床面の性状が柔らかい」は物的環境となるため、環境因子に該当する。「バランスを崩す」は平衡感覚や下肢筋力といった身体機能と関連してくるため、心身機能・身体構造に該当する。

答5 ○ ICFの6つの要素のうち心身機能・身体構造、活動、参加から成るのは生活機能、個人因子と環境因子から成るのは背景因子である。

答6 ✕ 園芸が好きなことは本人の嗜好（しこう）となるため、個人因子に該当する。参加は、ボランティアで活動する、レクリエーションで歌の伴奏を担当する等、社会的な出来事への関与や生活上の役割と関連してくる。

答7 ✕ 健康状態は疾病（しっぺい）やケガだけでなく、妊娠（にんしん）やストレス状態等を含むため、「ストレスが溜まる」は健康状態となる。「活力が低下する」は精神の働きに関連するため、心身機能・身体構造に該当する。

答8 ○ ICFの環境因子には、利用者以外の人や福祉用具等の他、訪問介護や通所介護等のサービス、介護保険制度等の法制度も含まれる。

答9 ✕ 「頸髄損傷」は疾病やけがに該当するため健康状態を示す。「排泄のコントロールが困難となった」は膀胱（ぼうこう）・直腸という身体的な機能の障害に該当するため心身機能・身体構造となる。

答10 ✕ 「している活動」（実行状況）の説明である。「できる活動」（能力）とは、普段はしていないが、何かしらの条件が整えば、できることを意味する。

③介護福祉職の健康と労働

問1　契約社員の場合は、育児休業を取得することができない。

問2　労働安全衛生法には、休憩時間を除き1週間40時間、1日8時間を超えて労働者を労働させてはならないとする法定労働時間が定められている。

問3　育児・介護休業法における育児休業期間は、子が3歳になるまでである。

問4　労働基準法では、本人の請求の有無にかかわらず産後6週間の休業を義務付けている。

問5　労働安全衛生法の規定により、従業員が常時50人以上の事業所には、2年に1回のストレスチェックの実施が義務付けられている。

問6　育児・介護休業法では、要介護状態にある対象家族1人につき、通算93日まで2回を上限とし、介護休業を分割して取得することができる。

問7　育児・介護休業法における介護休暇は、要介護状態にある対象家族1人につき、年3日まで、半日単位での取得が可能である。

問8　育児・介護休業法では、子が病気等をした際、3歳までに年8日間の看護休暇を取得できる。

問9　介護老人福祉施設では、年2回以上の消火訓練・避難訓練が義務付けられている。

問10　介護休業の対象家族には配偶者、父母、配偶者の父母のほか、子も含まれる。

答1 ✕ <u>契約社員</u>（期間を定めて雇用されている者）であっても、その契約が期間の定めのない契約と実質的に異ならない状態となっている場合には、<u>育児休業</u>の対象となる。

答2 ✕ <u>労働基準法</u>の説明である。労働安全衛生法では、<u>労働災害防止</u>に関する措置（そち）への労働者の協力等を定め、労働者の<u>安全</u>と<u>健康</u>を守り、快適な職場環境づくりを目指している。

答3 ✕ 原則として子が<u>1</u>歳になるまでである。ただし、保育所に入れない等の理由があれば、最長<u>2</u>歳になるまで育児休業を取得できる。

答4 ✕ 労働基準法では、本人の請求があれば産前<u>6</u>週間の休業、請求の有無にかかわらず産後<u>8</u>週間の休業を義務付けている。

答5 ✕ 従業員が常時<u>50</u>人以上の事業所には、<u>衛生管理者</u>及び<u>産業医</u>の配置、<u>衛生委員会</u>の設置、<u>1</u>年以内に<u>1</u>回以上の<u>ストレスチェック</u>を義務付けている。

答6 ✕ 要介護状態にある対象家族<u>1</u>人につき、通算<u>93</u>日まで、<u>3</u>回を上限として、介護休業を分割して取得できる。

答7 ✕ 育児・介護休業法における介護休暇は、要介護状態にある対象家族<u>1</u>人につき、年<u>5</u>日まで、<u>時間単位</u>での取得が可能である。

答8 ✕ 子が病気等をした場合は、<u>小学校就学前</u>まで年<u>5</u>日間（小学校就学前の子が<u>2</u>人以上いる場合は<u>10</u>日間）の看護休暇が<u>時間単位</u>で取得できる。

答9 ○ <u>介護老人福祉施設</u>や<u>介護老人保健施設</u>等の介護保険施設には、消防法に基づき年<u>2</u>回以上の消火訓練・避難訓練が義務付けられている。

答10 ○ 介護休業の対象家族には<u>配偶者</u>（事実婚含む）、<u>父母</u>、<u>子</u>（法律上の親子関係）、<u>配偶者の父母</u>、<u>祖父母</u>、<u>兄弟姉妹</u>、<u>孫</u>が含まれる。

領域Ⅱ　介護福祉職の健康と労働

4 介護記録・ケアカンファレンス

問1

介護記録を事例研究で用いる場合、対象者の同意を得たうえで匿名化（とくめいか）して記載する。

問2

介護記録は、サービス完結の日から1年間保存する義務がある。

問3

記録において逐語体（ちくごたい）とは、支援内容や問題点等について要点を整理してまとめたものである。

問4

介護記録には個人情報が含まれるため、利用者や家族が希望しても閲覧（えつらん）できない。

問5

業務中に生じた事故について口頭で報告する場合、事故に至る経緯を説明してから結論を述べるようにする。

問6

介護記録の「自宅のことが心配になったようで、その利用者は『家に帰る』と発言した」という記述は主観的情報となる。

問7

ケアカンファレンスでは、事前に資料を配布しておくことが望ましい。

問8

カンファレンスでは、経験年数の長い職員の意見や多数派の意見に従う。

問9

介護事故の状況は、ヒヤリ・ハット（インシデント）報告書に基づいて報告する。

問10

事故報告書は、管理者以外は閲覧できないように保管する。

答1 ○ 事例研究や学会発表等を行う際は、事前に目的・内容等を説明して対象者の同意を得る。その上で個人が特定できないよう、氏名をAさん、Bさん、というように、匿名化して記載する。

答2 ✕ 事故報告書等を含め、介護の提供に関する記録は、そのサービス完結の日から2年間あるいは自治体によっては5年間の保存義務がある。

答3 ✕ 要約体の説明である。逐語体とは、利用者と介護福祉職のやりとりを省略せずにそのまますべて記録したものである。

答4 ✕ 利用者や家族が希望すれば、介護記録を開示したりコピーを渡したりする等、介護記録を閲覧させることができる。

答5 ✕ 報告する際は、客観的な情報に基づき、まず結論から伝える。特に事故や苦情、トラブルが生じた際はすぐに上司に報告する必要がある。

答6 ○ 「家に帰る」という利用者の発言に対し、「自宅のことが心配になったようで」という理由を考えたのは介護福祉職であり、主観的情報となる。

答7 ○ ケアカンファレンスでは、事前に資料を配布し、参加者は事前に目的や検討内容等を確認しておく必要がある。

答8 ✕ 特定の意見に従うのではなく、各職員が議題に応じて専門的な立場から意見を出し合う。数多くの意見を出し合うことに価値を置くブレインストーミングの活用も効果的である。

答9 ✕ ヒヤリ・ハットは事故になる一歩手前の状況であり、介護事故の状況を示すものではない。介護事故が生じた場合には、事故報告書を作成して報告する。

答10 ✕ 利用者や家族に開示できるようにしておく。他の職員も閲覧して事故の状況を把握するとともに、研修等を行うことで事故の再発防止に努める。

領域II 介護記録・ケアカンファレンス

153

⑤ コミュニケーション方法

問 1

加齢性（老人性）難聴は伝音性難聴の一種である。

問 2

加齢性（老人性）難聴のある利用者には、耳元で、できるだけ大きな声で話しかける。

問 3

感覚性失語のある利用者とコミュニケーションする際は、閉じられた質問に加え、絵や写真等が用いられる。

問 4

抑うつ状態の利用者には、元気を出すように伝える。

問 5

中途聴覚障害のある利用者に対しては、手話によるコミュニケーション手段が有効である。

問 6

重度の運動性失語症がある利用者とのコミュニケーションでは、二者択一の問いかけはしない。

問 7

構音障害のある利用者とのコミュニケーションにおいて、聞き取れないところがあれば、再度言ってもらうようにする。

問 8

視覚障害者とのコミュニケーションでは、準言語の活用は控えるようにする。

問 9

視覚障害者とのコミュニケーションでは、方向を示す際は「あちらです」や「そちらになります」のように丁寧に表現して伝える。

問 10

認知症のある利用者が同じ話を繰り返す場合、介護福祉職は新しい話題を提供する。

答1 ✕
加齢性（老人性）難聴は感音性難聴の一種である。

答2 ✕
耳元ではなく、正面で口の形や表情を見せながら、ゆっくりと話しかける。甲高い声や大声で話すと、叱られているような感じを与えてしまう。

答3 ✕
感覚性失語のある利用者にはジェスチャーを活用する。閉じられた質問や絵・写真等は運動性失語で用いられる。

答4 ✕
抑うつ状態の利用者は、自分自身ではどうすることもできない喪失感や不安感を抱いていることが多いため、「元気を出して」「頑張って」等と安易に励ましてはならない。共感的な態度で見守る必要がある。

答5 ✕
中途聴覚障害のある利用者は手話を習得していない場合があるため、筆談等のコミュニケーション手段が有効となる。

答6 ✕
運動性失語症がある利用者とのコミュニケーションでは、「はい」または「いいえ」で回答できる二者択一の閉じられた質問は有効である。

答7 〇
構音障害は口唇、口腔、舌、声帯等、発声・発語に関係する器官が障害され、呂律が回らず、うまく話せない。よって、聞き取れなかった箇所があれば、わかったふりをせず、再度言ってもらうようにする。

答8 ✕
相手の表情や態度を確認することが困難なので、声の強弱などの準言語の活用も重要である。

答9 ✕
視覚障害者に方向を示す際は、こそあど言葉の使用は避け、具体的に説明する。

答10 ✕
同じ話を繰り返す場合であっても、話題を変えず、話の内容に沿った会話を心がける。新しい話題が提供された場合、その内容を理解できず、利用者が困惑するおそれがある。

領域Ⅱ　コミュニケーション方法

155

6 移動・移乗の介護 (1)

問 1
車いすで移動する前に、毎回、ブレーキの利き具合を確認する。

問 2
坂道を車いすで下りる場合は、車いすを後ろ向きにしたまま、ゆっくりと下りる。

問 3
車いすでの移動を支援する場合、不整地を走行するときには、前輪(キャスタ) を上げて走行する。

問 4
車いすで電車に乗る場合は、電車に対して車いすを直角にし、後ろ向きに乗車する。

問 5
車いすでの移動を支援する場合、エスカレーターで下るときには、車いすは前向きのまま乗り込む。

問 6
車いすで段差を上がる際は、前輪を上げて進み、後輪（駆動輪）が段差に接してから段上に前輪を下ろす。

問 7
介護福祉職は、ベッド上の利用者を仰臥位から側臥位にする場合、肩、腰、膝の順に体位変換する。

問 8
ベッド上の移動介護では、利用者の重心と介護福祉職の重心との距離が遠い方がよい。

問 9
ベッド上の移動介護では、利用者の身体とベッドの接する面積を広くするとよい。

問 10
片麻痺のある利用者がベッドから車いすに移乗する場合は、車いすを端座位になっている利用者の患側に置き、ベッドに対して斜めにつける。

答1 ○
車いすで移動する前に<u>毎回</u>、ブレーキの利き具合や後輪（駆動輪）の空気圧等、車いすの点検が<u>必要である</u>。

答2 ○
坂道を車いすで下りる際は、介護福祉職の身体で車いすを支えながら、<u>後ろ向き</u>にゆっくりと下りる。

答3 ○
砂利道（じゃりみち）等の不整地を走行する場合は、揺れが少ないように、前輪を<u>上げて</u>走行する。

答4 ✕
車いすで電車に乗る場合は、電車に対して車いすを<u>直角</u>にし、ティッピングレバーを踏み込んで前輪を上げ、<u>前向き</u>に乗車する。

答5 ✕
エスカレーターで下るときは、介護福祉職が下に位置するように車いすを<u>後ろ向き</u>にして乗り込む。その際、ブレーキは<u>かけない</u>。

答6 ○
段差を上がるときは①前輪を<u>上げて</u>進む→②後輪が段差に<u>接する</u>まで進む→③<u>段上に</u>前輪を<u>下ろす</u> →④グリップを押し上げながら段上に後輪を乗せる。

答7 ✕
介護福祉職は、ベッド上の利用者を仰臥位から側臥位にする場合、両膝を立てる等、利用者の身体を小さくまとめた後、膝→腰→肩の順に体位変換する。

答8 ✕
利用者と介護福祉職の重心を<u>近づける</u>ことで、介護福祉職自身の負担が軽減される。

答9 ✕
利用者の膝を立てる等、身体を<u>小さくまとめ</u>、接する面積を狭くすることによって、摩擦（まさつ）が少なくなり、ベッド上での移動が容易に行えるようになる。

答10 ✕
片麻痺のある利用者がベッドから車いすに移乗する場合は、車いすを端座位になっている利用者の<u>健側</u>に置き、ベッドに対して斜めにつける。

7 移動・移乗の介護（2）

問1　介護福祉職は、片麻痺のある利用者が歩行訓練で杖を使う場合、利用者の患側後方あるいは患側斜め後方に位置する。

問2　杖の握りの高さを決める場合、肘関節部の位置が目安となる。

問3　介護福祉職は、片麻痺のある利用者が歩行訓練で杖を使う場合、杖、患側の足、健側の足の順に出して歩くように声かけする。

問4　片麻痺のある利用者が歩行訓練で杖を使って階段を下りる場合には、杖、健側の足、患側の足の順に出すとよい。

問5　視覚障害のある利用者に対するガイドヘルプでは、介護福祉職は視覚障害者よりも半歩前で誘導する。

問6　視覚障害のある利用者に対するガイドヘルプでは、階段の前では歩きながら「これから階段です」と声かけして進む。

問7　視覚障害のある利用者に対するガイドヘルプでは、タクシーに乗る際、介護福祉職が利用者よりも先に乗る。

問8　視覚障害者用誘導ブロックの中には、駅のホーム側を示す内方線付き点状ブロックがある。

問9　左片麻痺の利用者が手すりを利用して階段を下りる際、介護福祉職は利用者の左後方に立つ。

問10　関節リウマチの症状がある人には、前腕固定型杖（ロフストランドクラッチ）が適している。

答1 ○
片麻痺がある利用者は麻痺側（患側）斜め後方に倒れやすいため、介護福祉職は利用者の患側後方あるいは患側斜め後方に位置する。

答2 ✕
杖の握りの高さは、大腿骨の大転子の位置が目安となる。

答3 ○
介護福祉職は、片麻痺のある利用者が歩行訓練で杖を使う場合、健側に杖を持ち、杖、患側の足、健側の足の順に出して歩くように声かけする。

答4 ✕
片麻痺のある利用者が歩行訓練で杖を使って階段を下りる場合には、杖、患側の足、健側の足の順に出すとよい。

答5 ○
ガイドヘルプでは、一般的に肘の上を視覚障害者につかんでもらい、白杖（盲人安全杖）を持っているときは、その反対側で、視覚障害者よりも半歩前で誘導する。

答6 ✕
ガイドヘルプでは、階段の前ではいったん停止し、これから階段を上るのか、それとも下るのかを説明してから進む必要がある。

答7 ✕
ガイドヘルプでは、バスや電車の場合は介護福祉職が先に乗るのに対し、タクシーなど自動車に乗る場合は視覚障害者が先に乗るようにする。

答8 ○
視覚障害者用誘導ブロックには、危険箇所等を示す点状ブロック、進行方向を示す線状ブロック、駅のホーム側を示す内方線付き点状ブロックがある。

答9 ✕
左片麻痺の利用者が階段を下りるときは、患側（麻痺側）前方への転落を防ぐため、介護福祉職は患側（麻痺側）の左前方に立つ必要がある。

答10 ✕
関節リウマチは、関節に痛みがあるため、前腕支持型杖（プラットホームクラッチ）を使用するとよい。

8 移動・移乗の介護 (3)

問1
ベッドから車いすに移乗するときは、まず初めに車いすの高さを調節する。

問2
介護保険制度で電動車いすをレンタルする際に利用できるのは、補装具費の支給である。

問3
車いすからベッドへの移乗時にスライディングボードを活用する場合、ベッドを車いすの座面より少し低くする。

問4
車いすで段差を下りるときは、ゆっくりと前輪 (キャスタ) から下りる。

問5
スライディングシート (マット) は、ベッドから車いすに移乗する際、利用者の臀部の下に敷き、座ったままの状態で滑りながら使用するものである。

問6
移動用リフトのつり具は、介護保険制度の福祉用具貸与の対象となる。

問7
片麻痺で立位歩行が可能な利用者が洋式便器から立ち上がる際は、便器の先端から 200 ～ 300 mm 前方の健側の壁に設置された L 型手すりを利用する。

問8
介護保険制度の特定福祉用具販売を活用すると、1 年度 20 万円を限度として、支払った金額の 9 ～ 7 割が戻る。

問9
工事を伴うスロープの設置は、介護保険制度における福祉用具貸与の対象となる。

問10
階段に設置する手すりの太さは、直径 28 ～ 32 mm 程度とするとよい。

答1 ✕
移乗の介護の際は、まず目的を<u>説明</u>して利用者から<u>同意</u>を得るようにする。

答2 ✕
介護保険制度で電動車いすを貸与（レンタル）する際に利用できるのは<u>福祉用具貸与</u>である。補装具費は<u>障害者総合支援法</u>を活用して借受け（レンタル）する際に支給される。

答3 ◯
車いすからベッドへの移乗時に<u>スライディングボード</u>を活用する場合、移乗先である<u>ベッド</u>を車いすの座面より少し<u>低く</u>しておく。逆にベッドから車いすへの移乗では、ベッドを移乗先である車いすの座面より少し<u>高く</u>する。

答4 ✕
段差を下りる際は、車いすを<u>後ろ</u>向きにし、<u>後輪（駆動輪）</u>から下りるようにする。

答5 ✕
<u>スライディングボード</u>の説明である。スライディングシート（マット）は、<u>ベッド上</u>の利用者の<u>身体の下</u>に敷いて滑らせることで、楽な力で利用者の移動を行えるものである。

答6 ✕
介護保険制度において移動用リフト自体は<u>福祉用具貸与</u>、移動用リフトのつり具は<u>特定福祉用具販売</u>の対象となる。

答7 ◯
片麻痺であるため、手すりの位置は<u>健側</u>とする。また、立ち上がるためには前傾姿勢をとって重心移動するため、手すりは<u>前方</u>に設置する。

答8 ✕
特定福祉用具販売では、1年度<u>10</u>万円を限度に、支払った金額の9〜7割が戻る仕組みとなっている（<u>償還払い</u>）。

答9 ✕
住宅の段差解消を目的とした<u>工事</u>を伴うスロープの設置は介護保険制度の<u>住宅改修</u>の対象となる。

答10 ✕
階段や廊下等に設置される移動用の手すりは直径<u>32〜36</u>mm程度、トイレのL型手すりや浴室に設置される<u>立ち上がり</u>の際に用いる手すりは直径<u>28〜32</u>mm程度の太さを目安とする。

9 食事と家事の介護（1）

問1
エンゲル係数とは、家計の支出に占める住居費の割合のことである。

問2
利用者が食事する際は、顎（あご）を軽く引き、やや前傾姿勢とする。

問3
車いすに座って食事をとる際は、足をフットサポートに乗せる。

問4
食事の後は、消化を助けるために、10分程度は安楽な姿勢で休むようにする。

問5
嚥下（えんげ）障害のある利用者にとって、ごぼう、パン、かまぼこ、カステラ等は食べにくい食品である。

問6
右片麻痺（みぎかたまひ）がある利用者の食事で全介助が必要な場合、利用者の口の右側に食物を入れる。

問7
左半側空間無視（ひだりはんそくくうかんむし）がある利用者の場合、料理の左側を無視していることに気がつかないので、声かけによる促しや食器の配置を工夫する。

問8
管理栄養士は、言語訓練や摂食（せっしょく）・嚥下訓練等を担う専門職である。

問9
高齢者は口が渇いていることに気がつきにくくなるため、水分摂取を促す。

問10
骨粗鬆症（こつそしょうしょう）の予防として、カルシウムに加え、ビタミンDの摂取を勧める。

答1 ✕
エンゲル係数とは、一世帯ごとの家計の消費支出に占める<u>食料費</u>の割合（%）である。

答2 ○
利用者が食事する際は、背もたれのあるいすに座り、<u>誤嚥予防</u>のため、顎を軽く引き、やや<u>前傾姿勢</u>とする。

答3 ✕
車いすに座って食事をとる場合は、足をフットサポートから<u>下ろして床</u>につける。

答4 ✕
食事の後は、消化を助けるために、<u>30</u>分程度は安楽な座位姿勢等で休むようにするとよい。

答5 ○
嚥下障害のある利用者にとって、ごぼう、パン、かまぼこ、カステラ、<ruby>汁物<rt>しるもの</rt></ruby>等は食べにくい食品である。<u>プリン</u>、ゼリー等は食べやすい食品である。

答6 ✕
<u>片麻痺</u>がある利用者の食事介護は<u>健側</u>から行う。麻痺側（患側）に食物を入れると、うまく咀嚼できず、麻痺側（患側）の<ruby>口腔内<rt>こうくうない</rt></ruby>に食物が溜まってしまう。右片麻痺の場合は、健側である<u>左側</u>の方から食物を入れる。

答7 ○
左半側空間無視がある利用者の場合、<u>左半側</u>を無視していることに気づかず、料理の<u>右半側</u>しか食べないことがあるため、声かけによる促しや食器の配置を工夫する。

答8 ✕
<u>言語聴覚士</u>の説明である。管理栄養士は<ruby>疾病<rt>しっぺい</rt></ruby>・障害に応じた<u>献立作成</u>や栄養指導、関連職種と連携して行う<u>栄養ケア・マネジメント</u>を中心に展開する。

答9 ○
高齢者は<ruby>口渇感<rt>こうかつかん</rt></ruby>を感じにくくなるため、<u>水分摂取</u>を促し、<u>脱水症状</u>を防ぐようにする。

答10 ○
<u>ビタミンD</u>には骨を作り出す<u>カルシウム</u>の吸収を<u>促進</u>させる働きがあるため、カルシウムの摂取に加え、魚や干ししいたけ、<ruby>卵黄<rt>らんおう</rt></ruby>等に含まれるビタミンDの摂取が重要となる。

10 食事と家事の介護 (2)

問1 ウェルシュ菌による食中毒は、室内で保存した作り置きのカレー等を食べて発生することが多い。

問2 高コレステロール血症のある人は、予防として食物繊維（せんい）を多く含む食品を摂るようにする。

問3 糖尿病のある利用者には、介護福祉職の判断に基づいたカロリー制限が必要となる。

問4 高血圧症のある利用者にはカリウムの摂取に加え、1日の塩分摂取量を6g未満とすることが推奨されている。

問5 人工透析（とうせき）を受けている利用者には、果物（くだもの）を積極的に摂るように勧める。

問6 回腸（かいちょう）ストーマのある利用者は、きのこやナッツを一度に多く摂取しないようにする。

問7 腸管出血性大腸菌（ちょうかんしゅっけつせいだいちょうきん）O157は、感染すると下痢（げり）や意識障害を引き起こす。

問8 サルモネラ菌による食中毒を防ぐためには、鶏肉等の食品中心部を60℃以上かつ1分以上加熱する必要がある。

問9 ノロウイルスによる感染症を予防するため、食品は中心部温度85～90℃以上かつ90秒以上加熱する。

問10 嘔吐（おうと）、腹痛が止まらない利用者に対して、その嘔吐物を拭き取る際に、次亜塩素酸ナトリウム（じあえんそさん）を用いて消毒した。

答1 ○ ウェルシュ菌は、<u>加熱しても</u><u>死滅</u>せず、カレーやシチュー等の<u>煮込み料理</u>を常温で保存すると大量に<u>増殖</u>し、食中毒を引き起こすおそれが高まる。

- -

答2 ○ 食物繊維の効果として、①血中の<u>コレステロール値</u>を下げる、②血糖値の<u>上昇</u>を抑える、③<u>糖尿病予防</u>、④大腸の<u>蠕動運動の促進</u>、⑤<u>便秘</u>の予防などがある。

- -

答3 ✗ 糖尿病のある利用者には、<u>医師の指示</u>に基づく<u>カロリー（エネルギー摂取）</u>制限が必要となる。

- -

答4 ○ バナナ等に含まれる<u>カリウム</u>には体内の余分な塩分（ナトリウム）を体外に<u>排出</u>し、血圧を下げる作用がある。また、高血圧症治療において<u>塩分</u>制限は重要であり、1日<u>6</u>g未満が推奨されている。

- -

答5 ✗ 人工透析を受けている利用者は腎機能に障害があるため、<u>カリウム</u>を多く含む果物や生野菜を積極的に摂取すると、<u>高カリウム血症</u>を起こすおそれがある。

- -

答6 ○ 回腸ストーマ（イレオストミー）がある場合、<u>海藻類</u>やきのこ、こんにゃく、ナッツ類を一度に多量摂取すると、ストーマの出口が<u>詰まるおそれ</u>がある。

- -

答7 ○ 腸管出血性大腸菌 O157 は<u>ベロ毒素</u>を出し、感染すると<u>下痢</u>や意識障害を引き起こし、場合によっては死亡するおそれもある。

- -

答8 ✗ サルモネラ菌等による食中毒を防ぐためには、食品中心部を<u>75</u>℃以上かつ<u>1</u>分以上加熱する必要がある。

- -

答9 ○ ノロウイルスは<u>生ガキ</u>等の二枚貝が原因となることが多く、冬期に発生しやすい。感染症を予防するためには、中心部温度が <u>85 ～ 90</u>℃以上で <u>90</u> 秒以上加熱する必要がある。

- -

答10 ○ 嘔吐、腹痛が止まらない等、ノロウイルスの感染の疑いがある場合は、<u>次亜塩素酸ナトリウム</u>を用いて消毒する。

領域Ⅱ　食事と家事の介護（2）

165

11 口腔ケア

問1
口腔ケアにおいて、うがいができる場合には、ブラッシングの後にうがいをする。

問2
口腔ケアにおいて、舌の清拭は、手前から奥に向かって行う。

問3
全部床義歯は、下顎用の義歯、上顎用の義歯の順に取り外すようにする。

問4
口腔内が乾燥している利用者に対し、ジェルタイプの保湿剤は、前回塗った上に重ねて塗るように助言する。

問5
洗口剤を用いることで、歯垢を取り除くことができる。

問6
利用者の歯肉を傷つけないために、歯ブラシの毛は硬めのものを選び、軽い力で小刻みにブラッシングする。

問7
義歯が変形するため、義歯を熱湯で消毒してはならない。

問8
就寝時は、義歯の全体を清潔な水につけて保管する。

問9
経管栄養を行っている利用者の場合も、口腔ケアを行う。

問10
嚥下機能が低下している利用者に対する口腔ケアで、スポンジブラシを用いる際は、水気を十分に残した状態で使用する。

答1 ✕
うがいができる場合は、ブラッシングの前にブクブクうがい（洗口）を行い、口腔内の食物残渣をできる限り取り除いておく。

答2 ✕
誤嚥予防のため、舌の清拭は奥から手前に向かって行う。その際は舌ブラシ等を用い、舌の表面（味蕾細胞）を傷つけないよう少しずつ舌苔を除去する。

答3 ◯
全部床義歯は、下の歯（下顎用の義歯）→上の歯（上顎用の義歯）の順に取り外し、上の歯（上顎用の義歯）→下の歯（下顎用の義歯）の順に装着する。

答4 ✕
保湿剤を前回塗った上に重ねて塗ると、表面に付着した細菌が閉じ込められ新たな感染源となる危険性がある。口腔内を清潔な状態とし、最後に仕上げとして保湿剤を塗るようにする。

答5 ✕
洗口剤だけでは歯垢を除去できない。ブラッシングを行うことで歯垢を取り除くことができる。

答6 ✕
利用者の歯肉を傷つけないため、歯ブラシの毛は普通～やわらかめのものを選び、軽い力で小刻みにブラッシングする。

答7 ◯
義歯の変形や摩耗を防ぐため、研磨剤が入った歯磨き剤や熱湯は使用してはならない。

答8 ◯
就寝時は、乾燥による変形を防ぐため、義歯全体を清潔な水につけたり、除菌消臭効果のあるつけ置きタイプの洗浄剤を使ったりして保管する。

答9 ◯
経管栄養を実施していると咀嚼の機会がないことから唾液の分泌が減少し、口腔内に細菌が繁殖しやすくなるため、口腔ケアを実施するようにする。

答10 ✕
スポンジブラシは、したたるほどの水を含ませて使用すると誤嚥を生じるおそれがあるため、水気を絞ってから使用する。

12 清潔保持の介護（1）

問1
入浴介護では、プライバシーを保護するために、利用者の皮膚（ひふ）の観察はしない。

問2
入浴介護における入浴時間は、長湯をすると心臓に負担がかかるため、湯につかる時間は5分程度とする。

問3
片麻痺（かたまひ）がある利用者が、前開きの上衣を脱衣する場合、まずは健側上肢から脱ぐ。

問4
利用者の身体を洗う場合は、中心部から末梢（まっしょう）に向かって洗うようにする。

問5
陰部洗浄を行う際、湯温は、介護福祉職の手のひらで確認する。

問6
空腹時や食後1時間以内の入浴は避けるようにする。

問7
皮膚の乾燥が強くなった高齢者の入浴介護では、アルカリ性の石鹸（せっけん）で洗う。

問8
入浴介護では、浴室と脱衣室を十分に暖め、できるだけ居室との温度差が生じないようにする。

問9
浴槽（よくそう）への出入りにシャワーチェアや移乗台を用いるときは、浴槽とシャワーチェアまたは移乗台の高さを同じに調整する。

問10
片麻痺がある利用者の場合には、かけ湯は健側で行い、浴槽へは利用者の患側から入るようにする。

答1 ✕ 入浴介護では利用者のプライバシーや羞恥心（しゅうちしん）に配慮するとともに、利用者の皮膚状態を観察する。

答2 ○ 個人差があるものの、入浴介護における入浴時間は10〜15分程度とし、長湯をすると心臓に負担がかかるため、実際にお湯につかる時間は5分程度とする。

答3 ○ 片麻痺がある利用者への脱衣支援では健側上肢から脱ぎ、着衣支援では患側上肢から着るという「脱健着患（だっけんちゃっかん）」が原則となる。

答4 ✕ 利用者の身体を洗う場合は、利用者の末梢（足元や手先）から中心部（心臓）に向かって洗うようにすると、血流改善の効果がある。

答5 ✕ 陰部洗浄では38〜39℃程度のぬるま湯を使用するため、温度計に加え、介護福祉職の前腕（ぜんわん）内側でも熱くないか冷たくないかを確認する。手のひら（手掌）で確認した場合、実際に陰部にかけた時に熱く感じてしまうおそれがある。

答6 ○ 空腹時や食事や飲酒の直後（およそ食後1時間以内）は避ける。

答7 ✕ アルカリ性の石鹸を使用すると、皮脂量や角質の水分量が減り、皮膚の乾燥を強めるおそれがあるため、刺激の少ない弱酸性の石鹸を使用する。

答8 ○ 冬期の入浴介護では、血圧が急上昇しないよう、浴室と脱衣室を十分に暖め、できるだけ居室と温度差がないようにし、ヒートショックの予防に努める。

答9 ○ 浴槽への出入りにシャワーチェアや移乗台を用いる際は、事前に浴槽とシャワーチェアまたは移乗台の高さを同じに調整し、移動がしやすいようにしておく。

答10 ✕ 片麻痺がある利用者の場合には、かけ湯は湯温を知覚できる健側で行う。浴槽へは利用者の健側から入り、介護福祉職は患側を保護する。

領域II 清潔保持の介護（1）

169

13 清潔保持の介護（2）

問1
老人性皮膚掻痒症のある利用者の場合、入浴時は、ナイロンタオルで身体を洗うようにする。

問2
全身浴は、静水圧作用により血液の流れが良くなるため、心疾患のある利用者に適している。

問3
人工肛門のある利用者の場合、自宅で入浴することはできるが、公衆浴場での入浴は控える必要がある。

問4
血液透析を受けている利用者の場合、血行を促進させるため、血液透析後は、すぐに入浴する必要がある。

問5
酸素療法を受けている利用者の場合、入浴の際は鼻カニューレを外しておく。

問6
左片麻痺のある利用者が浴槽内から立ち上がる際は、介護福祉職が利用者の両腋窩に手を入れて支えるようにする。

問7
全身清拭を行う場合には、40℃程度のお湯を用意する。

問8
洗髪の際は、髪の生え際から頭頂部に向けて指の腹を使って洗う。

問9
介護福祉職が利用者の耳掃除を行う際、綿棒を外耳道の入口から1cm程度挿入した。

問10
片麻痺がある利用者に対して全身清拭を行う場合、側臥位で背中を拭くときは、健側を下にする。

答1 ✕ 老人性皮膚掻痒症のある利用者の場合、ナイロンタオルで洗うと<u>皮膚を守る皮脂</u>が取り除かれすぎるため、<u>柔らかいタオル</u>等で優しく洗う。

答2 ✕ 肩まで湯につかると静水圧作用が働き、心臓の負担が増すため、<u>半身浴が望</u>ましい。

答3 ✕ 人工肛門（消化管ストーマ）のある利用者は、公衆浴場でも入浴<u>できる</u>。その際は、排便の可能性もあるため、<u>ストーマ袋</u>を装着しておく。

答4 ✕ 血液透析を行った後の入浴は<u>控える</u>。血液透析後は、血圧が<u>低くてふらつい</u>たり、シャント穿刺部から<u>出血</u>や<u>感染</u>を引き起こしたりするおそれがある。

答5 ✕ 入浴は体力を消耗させ、酸素の必要量を増加させるので、鼻カニューレを<u>つけたまま</u>、酸素供給器に<u>水がかからない</u>ように配慮し、医師の指示に基づく酸素量を供給する。

答6 ✕ 浴槽内から立ち上がる際は、利用者が<u>健側</u>の<u>右膝</u>を立てて、右の<u>踵</u>を臀部に引き寄せるとともに、<u>右手</u>で手すりをつかんで<u>前傾姿勢</u>をとり、臀部を<u>浮か</u>せるようにする。

答7 ✕ 全身清拭を行う場合には、<u>55～60</u>℃程度の熱めのお湯を準備する。

答8 ◯ 洗髪の際は、髪の<u>生え際</u>から<u>頭頂部</u>に向けて指の腹を使い、頭皮をマッサージするように洗う。頭皮が傷つかないよう、指の爪ではなく、<u>指の腹</u>を使う。

答9 ◯ 外耳道の入口から<u>1 cm</u>程度まで綿棒を入れ、やさしく<u>耳垢</u>を除去する。なお、耳垢塞栓の除去は<u>医行為</u>となるため、介護福祉職は行え<u>ない</u>。

答10 ◯ 清拭で、片麻痺がある利用者の背部を拭く場合には、<u>健側</u>を下にして楽な姿勢で行うようにする。

⒁排泄介護（1）

問1　失禁対策として、腹圧性尿失禁が見られる利用者には、骨盤底筋体操を行うとよい。

問2　失禁対策として、機能性尿失禁が見られる認知症の利用者には、トイレ誘導を行ったり、トイレの照明をつけておいたりする。

問3　高齢者がトイレで排泄する場合、和式便器を使用し、ドアは開き戸とする。

問4　和式便器から洋式便器への取り替えは、介護保険制度における住宅改修費の対象工事に含まれる。

問5　便意がはっきりしていない利用者への効果的な排泄支援として、夕朝時にトイレ誘導し、トイレに座る習慣づけを行うことにした。

問6　身体機能の低下による機能性尿失禁が見られる利用者には、膀胱訓練を実施する。

問7　ポータブルトイレは、介護保険制度における特定福祉用具販売の対象とはならない。

問8　おむつを片付ける際は、尿の吸収面を外側に丸める。

問9　ベッド上で尿器を使用する際は、男性は仰臥位の方が使いやすく、女性は側臥位で使用する。

問10　差し込み便器を使用する場合は、事前に差し込み便器の中にトイレットペーパーを敷いておくとよい。

答1 ○
腹圧性尿失禁は、<u>骨盤底筋群の筋力の低下</u>によって生じるため、<u>骨盤底筋体操</u>を行うことは失禁対策として<u>有効</u>である。

答2 ○
機能性尿失禁が見られる認知症の利用者の場合は、トイレの場所が<u>わからなくて間に合わない</u>ことが予測されるため、トイレ誘導は<u>有効</u>である。トイレを見つけやすいよう、目印や<u>照明</u>をつけておくのもよい。

答3 ✕
足腰が衰（おとろ）える高齢者の立ち上がりを考え、和式便器ではなく、<u>洋式便器</u>を使用する。ドアは、開き戸ではなく、<u>引き戸</u>が望ましい。

答4 ○
介護保険制度における住宅改修費の対象工事には、<u>和式便器から洋式便器へ</u>の取り替え、<u>便座の向きや位置の変更</u>、<u>床材の変更</u>等が含まれる。

答5 ✕
<u>胃・結腸反射（い・けっちょうはんしゃ）</u>は睡眠の後の<u>朝食後</u>に特に起こりやすい。便意を感じなくても習慣として朝食後に<u>トイレ誘導</u>し、排便のリズムがつくれるように支援する。

答6 ✕
歩行能力の低下の場合には<u>歩行訓練</u>、手指の巧緻性（こうちせい）の低下の場合にはゴムひもを<u>緩（ゆる）い</u>ものに替え、ズボンを下げやすくする等の工夫を実施する。膀胱訓練（ぼうこうくんれん）は<u>切迫性尿失禁（せっぱくせいにょうしっきん）</u>で行われる対応である。

答7 ✕
ポータブルトイレは、<u>特定福祉用具販売対象種目</u>の<u>腰掛便座（こしかけべんざ）</u>の1つとして位置付けられている。ポータブルトイレには水洗式のものもある。

答8 ✕
感染防止の観点から汚れた部分が表に<u>出ない</u>ようにする。よって、おむつを片付ける際は尿の吸収面を<u>内</u>側にして丸める。

答9 ✕
尿器は男女で形が異なり、男性は<u>側臥位</u>の方が使いやすく、女性は<u>仰臥位</u>で使用する。

答10 ○
差し込み便器を用いる場合は、臀部（でんぶ）に便が跳（は）ね返るのを防ぎ、後始末しやすくするため、事前に差し込み便器の中に<u>トイレットペーパー</u>を敷いておく。

領域Ⅱ　排泄介護（1）

15 排泄介護（2）

問1 差し込み便器を挿入する際は、肛門（こうもん）が便器の中央に位置するよう調整する。

問2 女性がベッド上で差し込み便器を使用する場合は、上体を少し起こして、膝を伸ばすように支援する。

問3 自動排泄処理装置（じどうはいせつしょりそうち）は、すべての部品が介護保険制度の特定福祉用具販売の対象となる。

問4 介護福祉職は、利用者が自己導尿を行う場合、側臥位（そくがい）で行えるように支援する。

問5 安易なおむつの使用によって、うつ状態を起こすこともある。

問6 女性利用者の排泄介護では、肛門部から恥骨部（ちこつ）に向けて拭くようにする。

問7 紙おむつを装着する場合は、紙おむつと腹部の間には、指2本分程度の余裕を持たせる。

問8 紙おむつを装着する場合は、尿が漏（も）れ出さないようにするため、鼠径部（そけいぶ）をきつく締（し）めるようにする。

問9 紙おむつを装着する場合は、下のテープを斜め下に、上のテープを斜め上に向かって、腰前面2か所で留める。

問10 利用者に下痢（げり）が見られた場合には、当該利用者の水分摂取量を制限しなければならない。

答1 ○
差し込み便器を挿入する際は、仙骨部にあてないよう、肛門が便器の中央に位置するよう調整する。

答2 ✕
ベッド上で差し込み便器を使用する場合は、腹圧をかけやすくするため、上体を少し起こし、膝をある程度曲げるように支援する。

答3 ✕
介護保険制度において自動排泄処理装置の本体は福祉用具貸与、自動排泄処理装置の交換可能部分は特定福祉用具販売の対象となる。

答4 ✕
座位が保持できる利用者の排泄介護の際には、腹圧をかけやすい座位姿勢で行えるように支援する。

答5 ○
安易なおむつの使用は利用者の自尊心を傷つけるだけでなく、尿意や便意を感じなくなったり、うつ状態を引き起こす原因になったりもする。

答6 ✕
女性利用者の排泄介護では、感染予防のため、恥骨部（前）から肛門部（後ろ）に向けて拭くようにする。

答7 ○
腹部の圧迫感を防ぐため、おむつと腹部の間には、指2本分程度の余裕を持たせる。

答8 ✕
紙おむつを装着する場合は、足の動きを妨げないため、左右の大腿部の付け根にあたる鼠径部をきつく締めすぎない。

答9 ✕
紙おむつを装着する場合は、下のテープを斜め上に、上のテープを斜め下に向かって左右対称となるように腰前面4か所で留める。

答10 ✕
利用者に下痢が見られた場合に水分摂取量を制限すると、脱水症状を引き起こすおそれがある。

16 排泄介護 （3）

問1
便秘の利用者には、上行結腸、横行結腸、下行結腸、S状結腸というように腸の走行に沿って「の」の字を描くようにマッサージするとよい。

問2
痙攣性便秘が見られる利用者には、趣味活動を行う中で、ストレスを発散させる支援が適している。

問3
便秘が見られる利用者に提供する食べ物として、ごぼうの煮物が適している。

問4
膀胱留置カテーテルを使用する際、男性は、陰茎を下向きにし、下腹部にカテーテルを固定する。

問5
膀胱留置カテーテルを使用する際、採尿バッグは、常に膀胱よりも低い位置に固定する。

問6
膀胱留置カテーテルを使用する際は座位が基本である。

問7
便秘がある利用者への排泄支援として、腹部に冷罨法を実施した。

問8
片麻痺がある場合、ポータブルトイレは利用者がベッドで寝た位置の健側の頭側に置く。

問9
下肢筋力が低下し、立位に一部介助が必要な場合、排泄が終了してトイレから立ち上がる前に、下着とズボンを下腿部まで下げておく。

問10
長期間にわたって便秘が続く利用者には、介護福祉職が浣腸や摘便を行う。

答1 ○

便秘の利用者には、適度な<u>運動</u>や<u>食物繊維</u>の多い食事、十分な<u>水分</u>摂取等に加え、大腸の走行に沿って「<u>の</u>」の字を描くような<u>マッサージ</u>が有効である。

答2 ○

痙攣性便秘は精神的な<u>ストレス</u>で自律神経のバランスが崩れて発生するため、好きなことや趣味活動を行い、<u>ストレスを発散</u>させるのは有効である。

答3 ○

便秘の予防には、運動に加え、れんこんやごぼう等の<u>食物繊維</u>を多く含む食品や<u>水分</u>を多めに摂取するとよい。

答4 ✕

膀胱留置カテーテルを使用する際、男性は、陰茎を<u>上</u>向きにし、<u>下腹部</u>にカテーテルを固定する。女性は、<u>大腿部</u>に貼り付けて固定する。

答5 ○

採尿バッグは<u>逆流防止</u>のため、常に膀胱の位置よりも<u>低い</u>位置に固定する。

答6 ○

自己導尿は<u>座位</u>の姿勢が基本である。利用者の座位が不安定な場合は、利用者の許可を得て、介護福祉職は体を支えるようにする。

答7 ✕

腸の<u>蠕動</u>運動を促すため、腹部を温める<u>温罨法</u>を行うとよい。

答8 ✕

片麻痺がある場合、ポータブルトイレは利用者がベッドで寝た位置の健側の<u>足元</u>に置くのが基本となる。

答9 ✕

排泄後、すぐに立ち上がるのではなく、先に下着とズボンを<u>大腿部まで上げ</u>ておくと、立位後にスムーズに着ることができる。

答10 ✕

<u>市販品</u>を用いての<u>浣腸</u>は介護福祉職が行うことができる。一方、<u>摘便</u>は<u>医行為</u>で、介護福祉職は行えない。便秘が改善されない場合は医師に<u>相談</u>する。

17 睡眠

問1
高齢者の場合、睡眠周期が不規則となり、深睡眠が減少するため、夜間の睡眠時間が長くなる。

問2
睡眠する際、枕は顎が頸部につくぐらいの高さにする。

問3
安眠しやすい環境として、夏場では、睡眠中の室温を25℃前後、湿度を50～60%程度に調整するとよい。

問4
牛乳には、必須アミノ酸の一つであるメラトニンが含まれているため、催眠効果があるといわれている。

問5
安眠のためには、食事は就寝20～30分前には済ませておく必要がある。

問6
メラトニンを増やすためには、夜にトリプトファンを含む食品を摂取する。

問7
就寝直前に熱めの湯に入浴すると、副交感神経が優位となり、安眠できる。

問8
夜、眠れないと訴える高齢者に対して、起床後にカーテンを開けて、日光を浴びるように助言した。

問9
高齢者が睡眠薬を服用している場合、介護福祉職は、高齢者の体調に合わせて服薬時間を変更する。

問10
安眠できるように、就寝前に冷たいコーヒーや緑茶を多く摂取するように勧める。

答1 ✕ 高齢者の場合、睡眠周期が乱れるため、深い眠り（深睡眠）が<u>減り</u>、浅い眠りが<u>増え</u>（深いノンレム睡眠とレム睡眠がともに減少し、浅いノンレム睡眠が増加）、夜間の睡眠時間が<u>短くなる</u>。

答2 ✕ 顎が頸部につく高さだと息苦しさを感じる。個人差があるものの、枕は頸部の緊張（きんちょう）を取り除き、自然な呼吸が行えるよう、<u>15°</u>くらい首の角度が<u>上がる</u>高さに調整する。

答3 ◯ 安眠のための環境として、個人差はあるものの、室温は夏場が<u>25℃</u>前後、冬場が<u>16〜19℃</u>、湿度は<u>50〜60%</u>程度に調整するとよい。

答4 ✕ 牛乳には、必須アミノ酸の一つである<u>トリプトファン</u>が含まれているため、催眠効果があるといわれている。

答5 ✕ 空腹や満腹の状態では安眠できないため、就寝<u>3時間</u>前には食事を済ませるようにする。

答6 ✕ トリプトファンを<u>朝</u>に摂取すると、夜に睡眠を促すホルモンである<u>メラトニン</u>が生成される。

答7 ✕ 就寝直前に熱めの湯に入浴すると、<u>交感神経</u>が優位となり、安眠できなくなる。就寝2〜3時間前に<u>ぬるめ</u>の湯に入浴し、<u>副交感神経</u>を優位にすることで安眠につながる。

答8 ◯ 日光を浴びると脳内で<u>セロトニン</u>という覚醒（かくせい）を促すホルモンが分泌され、<u>体内時計</u>がリセットされる。この結果、睡眠と覚醒の<u>リズム</u>が整い夜間の質の良い睡眠につながる。

答9 ✕ 睡眠薬の服用は、医師の<u>指示に従う</u>。介護福祉職の判断で服用時間を<u>変更してはならない</u>。

答10 ✕ 就寝前に<u>温かい</u>飲み物を飲むことで副交感神経が働いてリラックスでき、安眠につながる。コーヒーや緑茶等、<u>カフェイン</u>を多く含む飲み物を飲むと目がさえて眠れなくなる場合がある。

領域Ⅱ

睡眠

18 人生の最終段階の介護

問1 キューブラー・ロスの死への心理過程は、否認→抑うつ（よく）→怒り→取引（とりひき）→受容の順となる。

問2 どこで、どのような形で人生の最終段階を迎えたいかについては、本人の意向を繰り返し確認し、その内容をリビングウィルとして書面に残しておく。

問3 介護保険施設において介護福祉職が死亡後の全身清拭（ぜんしんせいしき）を行う場合、生前と同じように利用者に声をかけながらお湯を使うようにする。

問4 人生の最終段階の食事においては、利用者の嗜好（しこう）よりも栄養素や食事量を重視する。

問5 人生の最終段階の介護では、利用者が大切な人と一緒に過ごせるようにプライベート空間を確保しておく。

問6 臨終期（りんじゅうき）になると利用者の聴覚機能が低下するため、無理に言葉かけを続ける必要はない。

問7 デスカンファレンスは、施設の職員、家族、ボランティア等、介護に関わったすべての人が参加して行われる。

問8 介護保険施設において介護福祉職が死亡後の介護を行う場合、義歯は外し、着衣がしやすい服を選ぶ。

問9 エンゼルケアを行う場合、着物は左前に合わせ、帯紐（おびひも）は縦結びにする。

問10 グリーフケアとは、身近な人と死別した家族等がその悲しみから立ち直れるように支援することである。

答1 ✕ キューブラー・ロスの死への心理過程は、①<u>否認</u>→②<u>怒り</u>→③<u>取引</u>→④<u>抑うつ</u>→⑤<u>受容</u>の順となる。

答2 〇 <u>アドバンス・ケア・プランニング（ACP）</u>に基づき、本人や家族、医療職、介護福祉職等が繰り返し話し合って本人の意思を確認し、<u>リビングウィル</u>（終末期医療における<u>事前指示書</u>）として書面に残す必要がある。

答3 ✕ 死亡後の全身清拭は、利用者に<u>声をかけ</u>ながら、<u>アルコール</u>に浸_{（ひた）}した脱脂綿_{（だっしめん）}で拭き清めるようにする。水に湯を注_{（さか）}いだ<u>逆さ水_{（みず）}</u>を使用する場合もある。

答4 ✕ 終末期の食事では、栄養素や食事量よりも、利用者の体調や気分に配慮しながら、利用者の嗜好を重視し、<u>食べたい食事</u>を提供する必要がある。

答5 〇 食堂などのパブリックスペースだけではなく、<u>大切な人と面会できる時間</u>や最期_{（さいご）}の時を一緒に過ごせる<u>プライベート空間</u>を確保する。

答6 ✕ <u>聴覚</u>は<u>臨終期</u>まで機能<u>している</u>ことが多いため、言葉かけは最期まで行うことが大切である。

答7 ✕ デスカンファレンスは、亡くなった利用者のケアを振り返り今後の<u>支援向上</u>のために行うものなので、介護に関わった施設の<u>職員</u>が参加する。

答8 ✕ 外見上の<u>その人らしさ</u>も尊重する。義歯があると顔が整いやすいため、口腔_{（こうくう）}ケア後、<u>装着</u>しておく。服装は生前に本人が<u>希望</u>した服や<u>よく着ていた服</u>を選ぶとよい。

答9 〇 エンゼルケア（死後のケア）において着物を着用する場合は、着物は<u>左前</u>に合わせ、帯紐は<u>縦結び</u>にする。

答10 〇 <u>グリーフケア</u>（悲嘆_{（ひたん）}ケア）では、多職種が連携して、身近な人と死別した<u>家族</u>等がその悲しみから立ち直れるように支援する。

領域II

人生の最終段階の介護

19 介護過程 (1)

問1

家族が望む暮らしの実現に向けて、介護過程を展開する。

問2

介護計画の長期目標と短期目標を記述するときの主語は、いずれも利用者とする。

問3

情報収集では、支援に必要か否かに関係なく、できる限り多くの情報を収集しなければならない。

問4

デマンド（demand）が、そのままニーズや生活課題になるとは限らない。

問5

介護計画を立案した後、生活課題の明確化を図る。

問6

介護計画の実施に関する他職種への経過報告は目標の達成後に行う。

問7

介護計画を作成する場合は、長期目標と短期目標を連動させる必要がある。

問8

寝室から居間に移動して食事を摂ることを目指すため、長期目標を「寝室で食事させない」と設定した。

問9

介護計画の内容は変更せず、一貫性を保つ必要がある。

問10

複数ある短期目標は集約して評価する。

答1 ✖
利用者が望む暮らしの実現に向けて、介護過程は展開される。

答2 ◯
介護計画の長期目標と短期目標の達成を目指すのは、ともに利用者本人である。よって、記述する際の主語は、いずれも利用者とする。

答3 ✖
情報収集では、利用者の支援に必要な情報を中心に収集し、明らかに支援に不要な情報については収集する必要はない。

答4 ◯
ただし、デマンドの中に本当に必要とするニーズや生活課題が隠されている場合もあるため、デマンドを軽視してはならない。

答5 ✖
介護過程ではアセスメントによって生活課題を明確にした後、介護計画を立案していく。

答6 ✖
他職種への報告は目標の達成後にだけ行うのでなく、定期的あるいは利用者の身体状況が変化した際などの必要時にも行う。

答7 ◯
長期目標を達成するための短期目標であるため、長期目標と短期目標がかけ離れたものであってはならない。

答8 ✖
目標には「~させない」という否定的な表現や「~させる」という指示的・管理的な表現は用いない。この場合の長期目標は、「居間で家族と会話を楽しみながら食事することができる」等の記載が適切である。

答9 ✖
介護計画は、利用者の心身状態や生活課題等の変化に応じて、その内容を変更する必要がある。また、介護計画については定期的に見直すため、見直しの時期についても介護計画に明記しておく。

答10 ✖
複数ある短期目標は集約して評価するのではなく、それぞれの短期目標に対して評価する。

20 介護過程（2）

問1 介護計画の長期目標は、生活課題が解決した状態やニーズが満たされた状態、最終的に実現したい生活像を表す。

問2 介護計画の見直しの時期は決めず、利用者の状況が変化した際に介護計画を見直すようにする。

問3 アセスメントでは、収集した情報を関連づけず、個別に解釈する。

問4 アセスメントにおける情報の解釈は、個別性を一般化することである。

問5 生活課題が複数あった場合は、一つの生活課題に絞って介護計画を作成する。

問6 介護過程は、介護計画を実施した時点で終了となる。

問7 介護計画を実施した後に、評価基準を設定して評価を行う。

問8 実施しなかった介護計画についても評価する。

問9 介護過程におけるアセスメントの目的は、情報収集と情報の解釈である。

問10 訪問介護計画を根拠に居宅サービス計画を作成する。

答1 ○
長期目標は生活課題が解決した状態等を表現する。よって、長期目標は生活課題ごとに設定する。

答2 ✕
介護計画は「立てっぱなし」にせず、見直しの時期を決めておく。また利用者の状況に変化が起きた際は、その都度、介護計画を見直す。

答3 ✕
アセスメントでは、収集した情報を整理・関連づけ、統合して解釈する。

答4 ✕
アセスメントにおける情報の解釈は、その利用者に行えることは何かを検討する作業であり、個別化を図ることになる。

答5 ✕
本来、生活課題は複数あるため、複数の生活課題の解決・緩和に向けてそれぞれ介護計画を作成する必要がある。

答6 ✕
介護過程は、アセスメント→介護計画の作成→実施→評価→再アセスメント→介護計画の見直し……という流れで展開される。

答7 ✕
評価基準は、介護計画を実施する前に設定する。その際、具体的な数値を用いて短期目標を設定すれば、評価基準が明確となり、評価しやすくなる。

答8 ○
実施しなかった介護計画についても評価を行う。今後の支援の質向上を図るためにも、なぜ、実施しなかったのか、その理由を確認することは重要である。

答9 ✕
アセスメントは情報収集→情報の整理・統合・解釈→生活課題の明確化という流れで展開される。よって、アセスメントの目的は生活課題の明確化である。

答10 ✕
介護支援専門員が作成した居宅サービス計画と訪問介護事業所のサービス提供責任者が作成した訪問介護計画は整合性を図る必要があるため、居宅サービス計画の方針に沿って訪問介護計画を作成する。

領域Ⅱ　介護過程（2）

185

1 こころの理解

問1

マズローの欲求階層説の承認の欲求と自己実現の欲求は成長欲求である。

問2

心的外傷後ストレス障害（PTSD）は、トラウマにより強烈なストレス体験を繰り返し思い出してしまうが、症状は1か月以内に治まる。

問3

昨日、娘と一緒にデパートに行き、買い物と食事を楽しんだ出来事に関する記憶は、エピソード記憶である。

問4

記憶の過程では、まず記銘（きめい）が起こり、保持（ほじ）、想起（そうき）へとつながる。

問5

じゃがいもの皮むきといった身体の動きで覚えている記憶を感覚記憶という。

問6

妹が生まれたことで、急に赤ん坊のように母親に甘える適応機制（てきおうきせい）を、「昇華」（しょうか）という。

問7

数学は苦手で赤点ばかりでも、得意な運動会では頑張り、欲求を満たす適応機制を「抑圧」（よくあつ）という。

問8

「なぜ自分だけが病気で死ぬのか」という心理状態は、キューブラー・ロスが提唱した死の受容過程における「否認」である。

問9

短期記憶は一時的に保持される記憶で、前頭葉（ぜんとうよう）に保存される。

問10

大脳の機能局在として、側頭葉（そくとうよう）は聴覚、後頭葉（こうとうよう）は視覚を処理する。

答1 ✕

承認の欲求は<u>欠乏欲求</u>である。

答2 ✕

<u>心的外傷後ストレス障害</u>（<u>PTSD</u>）は、強いストレス体験がトラウマとなり、<u>長期的</u>に、その時の恐怖感情などを何度も<u>繰り返し</u>思い出してしまう。1か月以内に治るのは<u>急性ストレス反応</u>である。

答3 ◯

<u>エピソード記憶</u>は、個人的な経験や<u>出来事</u>に関する記憶で、特定の日時や場所と関連づけて記憶される。

答4 ◯

記憶の過程は、まず<u>記銘</u>（情報を入れる）、そして<u>保持</u>（情報を保存する）、<u>想起</u>（情報を取り出す）と進む。

答5 ✕

身体を使う動作で覚える記憶は、<u>手続き記憶</u>。<u>感覚記憶</u>は、視覚、聴覚、嗅覚といった感覚による記憶。

答6 ✕

今の年齢より幼い状態に戻ることを「<u>退行</u>」という。「<u>昇華</u>」は満たされない欲求を、社会的に承認される形で満たすこと。

答7 ✕

劣等感や欲求不満を、得意なことで補おうとすることは「<u>補償</u>」という。「<u>抑圧</u>」は容認しがたい感情を意識に上らないようにする適応機制。

答8 ✕

「どうして私が」という納得できない状態は、「<u>怒り</u>」の段階である。

答9 ✕

短期記憶は一時的に<u>側頭葉</u>の<u>海馬</u>に保存される記憶である。前頭葉は、<u>思考</u>や<u>意思</u>などを司る。

答10 ◯

<u>頭頂葉</u>は痛みなどの様々な<u>感覚情報</u>を処理し、後頭葉は<u>視覚</u>、側頭葉は<u>聴覚</u>を司る。

2 からだの理解（1）

問1

心臓は、血液を全身に送るポンプの役割を担っている。

問2

副交感神経は興奮状態のときに血圧値や呼吸数を上げ、交感神経はリラックス状態や消化活動のときに血圧値を下げる。

問3

血液の流れは、左心房→左心室→肺→右心房→右心室→全身である。

問4

肺は、ガス交換の機能を持つ。

問5

赤血球は止血作用があり、白血球は酸素を運び、血小板は免疫作用がある。

問6

基本的に動脈には動脈血が流れるが、肺動脈には静脈血が流れる。

問7

正常血圧とは、収縮期血圧が140mmHg未満で、拡張期血圧が90mmHg未満である。

問8

褥瘡は長期間の同一部位への圧迫による血行障害によって生じる。

問9

抗重力筋には、脊柱起立筋や上腕二頭筋がある。

問10

骨には、たんぱく質が含まれている。

答1
○

心臓は<u>収縮</u>と<u>拡張</u>を繰り返して、血液を全身に巡らせている。

答2
✕

<u>交感神経</u>は興奮状態のときに血圧値や呼吸数を<u>上げ</u>、<u>副交感神経</u>はリラックス状態や消化活動、睡眠時に血圧値を<u>下げる</u>。

答3
✕

血液の流れは、<u>右心房</u>→<u>右心室</u>→<u>肺</u>→<u>左心房</u>→<u>左心室</u>→<u>全身</u>である。

答4
○

ガス交換は、<u>肺胞</u>（はいほう）と<u>毛細血管</u>の間で行われる。<u>酸素</u>を取り込み<u>二酸化炭素</u>をはきだす。

答5
✕

赤血球は<u>酸素</u>を運び、白血球は<u>免疫作用</u>、血小板は<u>止血作用</u>がある。

答6
○

基本的に、動脈には<u>動脈血</u>、静脈には<u>静脈血</u>が流れるが、例外として、肺に流れる肺動脈には<u>静脈血</u>、肺から流れる肺静脈には<u>動脈血</u>が流れる。

答7
✕

正常血圧は、家庭で測定したときの収縮期血圧が <u>115</u> mmHg 未満かつ拡張期血圧が <u>75</u> mmHg 未満である。

答8
○

褥瘡は<u>長期間</u>、<u>同一部位</u>への圧迫による<u>血行障害</u>が原因の創傷である。

答9
✕

抗重力筋は重力に抵抗して<u>立位姿勢</u>を保つ筋肉で、<u>脊柱起立筋</u>、<u>腹直筋</u>、<u>大腿四頭筋</u>（だいたいしとうきん）などがある。

答10
○

骨の主成分は、<u>リン酸カルシウム</u>とたんぱく質である。

3 からだの理解（2）

問1
廃用症候群（生活不活発病）による機能低下に、意欲の低下や抑うつ状態は含まれない。

問2
白内障は、硝子体が濁って物が歪んで見えたり、真ん中が見えなくなったりする。

問3
巻き爪を防ぐ切り方には、スクエアオフとバイアス切りの2種類がある。

問4
ばち状爪は呼吸器疾患でも起きる。

問5
骨を強化するには、日光に当たるとよい。

問6
身体を動かさないことにより、血流が悪くなり、深部静脈血栓症を引き起こす。

問7
1週間の安静臥床により、筋力は15%程度低下する。

問8
不感蒸泄とは、排尿、発汗、皮膚や呼吸からの水分の蒸発をいう。

問9
摂食・嚥下の過程において、咽頭期は軟口蓋と喉頭蓋が働く。

問10
摂食・嚥下の過程において、先行期は唾液分泌が増加する。

答1 ✕ 廃用症候群に<u>意欲の低下</u>、<u>抑うつ状態</u>といった<u>精神面の機能低下</u>も含まれる。それ以外に、関節拘縮、筋萎縮、心機能の低下、便秘などがある。

答2 ✕ 白内障は<u>水晶体</u>が白濁するため、<u>視力</u>が低下し、<u>かすんで見える</u>ようになる。

答3 ✕ 巻き爪を防ぐには、爪の両端の角を残して四角に切る<u>スクエアオフ</u>がよい。バイアス切りは両端を切り落としてしまうため巻き爪になりやすい。

答4 ○ ばち状爪は、<u>心臓疾患</u>や<u>呼吸器疾患</u>で見られる。

答5 ○ 日光に当たることで、カルシウムの吸収を促進する<u>ビタミンD</u>がつくられる。

答6 ○ 身体を動かさないことで<u>血流</u>が悪くなり、<u>血栓</u>ができることで深部静脈血栓症を引き起こす。

答7 ○ 筋力を使わないと筋肉は<u>萎縮</u>し、1週間のベッド上安静によって筋力は<u>15～20%</u>程度低下するといわれている。

答8 ✕ 不感蒸泄とは、皮膚や呼吸からの<u>水分の蒸発のみ</u>を指す。

答9 ○ 飲み込んだ飲食物や異物が誤って気管に入ってしまうことを誤嚥といい、咽頭期では誤嚥を防ぐために、軟口蓋は<u>鼻腔</u>を閉鎖し、喉頭蓋は<u>気管</u>を閉鎖する。

答10 ○ 摂食・嚥下の5分類は、先行期、準備期、<u>口腔期</u>、<u>咽頭期</u>、<u>食道期</u>の順である。先行期は食べ物を<u>認知</u>し、唾液の分泌が<u>増加</u>する。

4 からだの理解（3）

問1

摂食・嚥下の過程における準備期には、捕食、咀嚼、食塊形成がある。

問2

腎機能障害で食事制限が必要なのは、カリウム（K）、塩分（Na）、たんぱく質である。

問3

唾液には、消化酵素が含まれている。

問4

唾液が減少すると、口臭が抑えられる。

問5

栄養素の中で一番、エネルギー発生量が多いのは、糖質である。

問6

ビタミンEは、酸化防止の役割がある。

問7

骨のカルシウムはビタミンKによって吸収が促進される。

問8

胆汁は胆嚢で分泌される。

問9

インスリンを分泌している臓器は、肝臓のランゲルハンス島である。

問10

コントロール不良の糖尿病で高血糖時に見られる症状には振戦がある。

答1
○
準備期には、食べ物を口の中に取り込む「捕食」、食べ物を噛み砕く「咀嚼」、唾液と混ぜ合わせる「食塊形成」が行われる。

答2
○
腎機能が低下するとカリウムや塩分の排泄が減少し、体内に蓄積されてしまう。たんぱく質を処理することは腎臓に負担をかけてしまう。

答3
○
唾液には、でんぷんを分解する消化酵素が含まれている。

答4
✕
唾液には自浄作用や抗菌作用があるため、唾液の量が減ると口臭が生じる。

答5
✕
エネルギー発生量が一番多いのは、脂質である。

答6
○
ビタミンEは、抗酸化作用や細胞の老化防止の効果がある。

答7
○
カルシウムの吸収を助け骨を丈夫にする働きがあるのはビタミンD・Kである。

答8
✕
胆汁は肝臓で分泌され、胆嚢に貯蔵される。

答9
✕
インスリンを分泌するのは、膵臓のランゲルハンス島β細胞である。

答10
✕
振戦や冷や汗は低血糖時に出現する。高血糖時には、口渇、多飲、多尿、倦怠感が見られる。

領域Ⅲ　からだの理解（3）

193

5 からだの理解（4）

問1

交感神経は、脈拍を増加させ、胃腸の働きを促進させる。

問2

主に、栄養素を吸収しているのは小腸である。

問3

硬い便はブリストル便性状スケールの正常便に該当する。

問4

概日リズム睡眠障害では、夕方に強い眠気を感じて就寝し、深夜に覚醒してしまうことが生じる。

問5

レム睡眠では、からだが起きていて、脳は眠っている深い眠りの状態である。

問6

抗ヒスタミン薬を使用していると、夜間に十分な睡眠をとっていても日中に強い眠気が起きる。

問7

眠りが浅く何度も目が覚めてしまうのは、熟眠障害である。

問8

体内時計を調整し睡眠を促進するホルモンは、メラトニンである。

問9

レストレスレッグス症候群は、睡眠障害でむずむず脚症候群ともいう。

問10

睡眠時無呼吸症候群は、睡眠中に無呼吸の状態が何度も起きて深い眠りになる。

答1 ✗ 交感神経の働きは、脈拍を増加させて、胃腸の働きは<u>抑制</u>させる。

答2 ○ なお、小腸は、<u>十二指腸</u>、<u>空腸</u>、<u>回腸</u>に分けられる。

答3 ✗ ブリストル便性状スケールは、3（やや硬い便）、4（普通便）、5（やや<u>軟らかい便</u>）が正常便とされている。

答4 ○ 概日リズム（サーカディアンリズム）は<u>24時間</u>周期で睡眠と覚醒を繰り返すリズムであり、障害されると睡眠と覚醒の出現が<u>不規則</u>になる。

答5 ✗ <u>レム</u>睡眠は、からだが休息し、脳は活動している<u>浅い眠り</u>（夢を見ている）。<u>ノンレム</u>睡眠はからだが起きていて、脳は眠っている<u>深い眠り</u>である。

答6 ○ アレルギー反応を抑える抗ヒスタミン薬は、副作用として<u>脳の活動</u>も抑えるので眠気が<u>起こる</u>。

答7 ✗ 眠りが浅く何度も目が覚めてしまうのは<u>中途覚醒</u>である。<u>熟眠障害</u>は、睡眠時間は十分であるのに、ぐっすり眠った感じが得られない。

答8 ○ メラトニンは、<u>松果体</u>から分泌され、睡眠ホルモンとも呼ばれる。

答9 ○ レストレスとは、<u>そわそわした</u>、絶え間なく動くといった意味。なぜ起きるのか原因は不明である。

答10 ✗ 睡眠時無呼吸症候群は、無呼吸の状態が何度も起きて、<u>浅い眠り</u>になる。肥満型の男性に多く見られる。

6 発達と老化の理解（1）

問1 養育者がいなくても不安な様子にならず、再会すると関心を示さずに遊んでいるのは、ストレンジ・シチュエーション法による愛着の分類の「安定型」である。

問2 ライチャードによる老年期の人格特性において、「依存型（安楽いす型）」は、現実をありのまま受け入れ満足している。

問3 乳幼児の言語発達においては、2歳半頃に一語文を話すようになる。

問4 アタッチメントとは、周囲の大人の反応を見て、自分の態度を決めることである。

問5 プロダクティブ・エイジングとは、高齢になっても生産的で創造的な活動を行う生き方を目指す考え方である。

問6 加齢とともに、新しい出来事や環境に適応するための結晶性知能は低下しやすい。

問7 複数のことを同時に行う能力は、加齢による影響を受けない。

問8 乳幼児の心身の発達の方向性は、粗大運動から微細運動へと進む。

問9 意味記憶は、老化に影響されにくい。

問10 高齢者における心身機能低下の程度や現れ方は、加齢によるものなので、ほとんど個人差がない。

答1 ✕ 問題文は「回避型」の説明である。安定型は、養育者がいないと<u>不安</u>になり再会すると<u>安心</u>して再び遊び始める。

答2 ✕ 問題文は「円熟型（えんじゅく）」の説明である。依存型（安楽いす型）は、<u>受け身</u>的で他者の援助に<u>依存</u>する。

答3 ✕ <u>1</u>歳前後に一語文、<u>2</u>歳頃に二語文を話すようになる。

答4 ✕ 問題文は<u>社会的参照</u>の説明である。アタッチメント（愛着）とは、養育者と子の情緒的な<u>絆（きずな）</u>のことをいう。

答5 ○ プロダクティブ・エイジングとは、高齢となっても<u>プロダクティブ</u>（生産的で創造的な）活動を行い、社会貢献するような生き方を目指す考え方。

答6 ✕ 新しい場面に適応するための能力は<u>流動性知能</u>で、加齢により<u>低下する</u>。結晶性知能は、これまでの<u>経験</u>や<u>学習</u>で得られた能力で低下しにくい。

答7 ✕ 加齢に伴い、複数のことを一度に覚えていることが<u>難しく</u>なり、また情報理解力も<u>低下</u>するため、影響を<u>受ける</u>。

答8 ○ 人間の発達の順序性と方向性は決まっており、<u>身体</u>を大きく動かす<u>粗大</u>運動が発達し、次に細かい<u>指</u>の運動といった<u>微細運動</u>が発達していく。

答9 ○ 意味記憶は物事の意味を表す一般的な知識のことで、老化に<u>影響されにくい</u>。自転車の乗り方といった<u>からだ</u>で覚えた<u>手続き記憶</u>も忘れにくい。

答10 ✕ 高齢者は、生活習慣の違いやかかった病気によって心身機能の低下の程度や出現の仕方は異なり、個人差が<u>大きい</u>。

7 発達と老化の理解（2）

問1

加齢により、味覚の感受性が低下する。

- -

問2

高齢者の血圧の特徴は、収縮期血圧も拡張期血圧も両方高くなることである。

- -

問3

加齢に伴い、誤嚥（ごえん）による肺炎を起こしやすい。

- -

問4

加齢により、下肢よりも上肢の筋力低下が増える。

- -

問5

高齢者は肝臓での薬物代謝に要する時間が短くなり、腎臓からの薬物排泄（はいせつ）量は増加する。

- -

問6

加齢に伴い、唾液の分泌（ぶんぴつ）量も消化液の分泌量も低下する。

- -

問7

加齢に伴い視覚の調整力として、明順応は変化しないが、暗順応は低下する。

- -

問8

心不全の症状には、チアノーゼや全身の浮腫（ふしゅ）が見られる。

- -

問9

心筋梗塞（しんきんこうそく）は非常に激しい胸痛、放散痛が生じるが、高齢者は痛みを感じないこともある。

- -

問10

狭心症の発作時には、ニトログリセリン舌下錠が用いられる。

答1 ○ 加齢に伴い、味覚の感受性が<u>低下</u>し、味がわかりにくくなるため、<u>濃い味</u>を好むようになる。

答2 ✕ 高齢者の血圧の特徴として、収縮期血圧は<u>高くなる</u>が、拡張期血圧は<u>変化しない</u>。

答3 ○ 加齢によって<ruby>喉頭挙上<rt>こうとうきょじょう</rt></ruby>の不足が起こり、<ruby>嚥下<rt>えんげ</rt></ruby>機能が<u>低下</u>することにより、誤嚥による肺炎を起こしやすくなる。

答4 ✕ <u>上肢</u>も下肢も筋肉量は減少し筋力は低下してくるが、穏やかに減少する<u>上肢</u>に対して、<u>下肢</u>は早期から<ruby>著<rt>いちじる</rt></ruby>しく減少する。

答5 ✕ 高齢者は解毒を行う<u>肝機能</u>の低下や、余分な薬を尿に排出する<u>腎機能</u>の低下が起こるため薬物の排出に時間がかかり、薬の副作用が<u>現れやすい</u>。

答6 ○ 唾液や胃酸、それ以外でも様々な消化液の分泌量が<u>低下</u>し、消化吸収能力が<u>減少</u>する。胃もたれなどを起こしやすくなる。

答7 ✕ 加齢に伴い<u>両方とも低下</u>する。明順応とは暗い所から明るい所への調整力のことで、暗順応とは明るい所から暗い所への調整力のこと。

答8 ○ 心不全は、心臓のポンプ機能が低下し血流が悪くなって<u>浮腫</u>が生じたり、全身に酸素が十分に供給されず<u>チアノーゼ</u>が起こったりする。

答9 ○ 心筋梗塞は心臓に酸素を送っている冠動脈が閉塞し、心筋が<ruby>壊死<rt>えし</rt></ruby>し非常に激しい胸痛が20分以上続く。ただし、高齢者は<u>無痛性心筋梗塞</u>も少なくない。

答10 ○ 狭心症は冠動脈の流れが悪くなり、心筋が一時的に酸素欠乏状態に陥った状態。<u>血管を広げる</u>効果のある<u>ニトログリセリン</u>が効く。

領域Ⅲ 発達と老化の理解（2）

199

8 発達と老化の理解（3）

問1
脳梗塞（のうこうそく）とは脳動脈が詰まってしまう状態で、梗塞を起こした部位と反対の側に麻痺（まひ）が生じる。

問2
脳血管障害のうち、くも膜下出血の症状は徐々に呂律（ろれつ）が回らなくなり、片方の腕がしびれたりする。

問3
一過性脳虚血発作を繰り返している人は、脳出血を起こしやすい。

問4
褥瘡（じょくそう）の原因には、圧迫、汚れ、低栄養などがある。

問5
1型糖尿病は中高年に多く、食事療法や運動療法が効果的である。

問6
糖尿病で薬物治療をしているときは、冷（ひ）や汗（あせ）や動悸（どうき）、手足のふるえなどの低血糖症状に気をつける。

問7
男性のがん死亡率で最も多い部位は、大腸がんである。

問8
高齢者は転倒によって大腿骨頸部骨折（だいたいこつけいぶこっせつ）を起こしやすい。

問9
骨粗鬆症（こつそしょうしょう）は女性に多い。

問10
変形性膝関節症の人には、積極的に患部を冷やすように勧める。

答1 ○
なお、障害された側と反対側の半身に症状が現れるのは、脳の神経線維が脳幹の延髄という場所で交差し、反対側の手足を支配しているためである。

答2 ✕
くも膜下出血は脳動脈瘤（のうどうみゃくりゅう）の破裂によって起きる。症状は、突然、ハンマーで殴られたような激しい頭痛や嘔気（おうき）、嘔吐（おうと）、さらに意識障害も伴う。

答3 ✕
一過性脳虚血発作は脳動脈が一時的に詰まり、数分で元に戻る状態である。詰まりやすい状態であり、脳梗塞を起こすおそれが高い。

答4 ○
褥瘡は、皮膚（ひふ）の摩擦（まさつ）や圧迫、汚れ、低栄養状態などによって起こる。予防として清潔保持や体位変換が効果的。

答5 ✕
１型糖尿病は若年者に多く、インスリン投与を行う。２型糖尿病は生活習慣病であり中高年に多いため、食事療法や運動療法も有効である。

答6 ○
糖尿病の治療には食事療法、運動療法、薬物療法がある。血糖値を下げる薬物療法時は、低血糖症状に注意する。高齢者は若年者より自覚症状に乏しい。

答7 ✕
2022（令和4）年の人口動態統計によると、男性のがんの死亡率は1位肺がん、2位大腸がん、3位胃がんである。

答8 ○
高齢者は筋力の低下や関節可動域が狭くなることなどによって、転倒しやすく、大腿骨の付け根の骨である大腿骨頸部骨折を起こしやすい。

答9 ○
骨粗鬆症は骨密度が低下し骨折しやすい状態のことで、罹患率は女性が多い。

答10 ✕
膝は冷やさずに温め、血行を促進する。温めることにはリラクゼーション効果もある。

9 中核症状とBPSD、支援の方法

問1 認知症の中核症状と、行動・心理症状（BPSD）は初期の段階から、必ず出現する。

問2 認知症の中核症状には、抑うつ、興奮、妄想、徘徊、睡眠障害などがある。

問3 アルツハイマー型認知症に多く見られるもの盗られ妄想は、主に幻視が原因で生じる。

問4 見当識障害とは、時間、場所、人物等を正しく認識できなくなることである。

問5 遂行機能障害とは、意欲が低下し、何も行う気力がなくなることである。

問6 認知症の記憶障害では、出来事の一部ではなくすべてを忘れるという特徴がある。

問7 着衣失行が見られる場合は、目の前でさりげなく行い、見本を示す関わりがよい。

問8 子犬が何匹も部屋にいて怖いといった幻視の訴えに対しては、「子犬はいません」と事実を話した方がよい。

問9 BPSDである徘徊を禁止することは、認知症高齢者の不安感を増大させる。

問10 認知症の人が興奮し攻撃的な行動をとっているときは、隔離したり、やめるよう注意する必要がある。

答1 ✕ 記憶障害、見当識障害といった中核症状は必ず現れるが、BPSDは周囲の環境や状況、関わり方によって<u>必ず出るとは限らない</u>。

答2 ✕ 抑うつ、興奮、妄想、徘徊、睡眠障害、失禁などはBPSDである。中核症状は<u>記憶障害、見当識障害、遂行機能障害</u>など。

答3 ✕ 認知症の物忘れや見当識障害によって<u>不安感</u>が増すことから生じることが多い。

答4 ◯ 見当識障害は認知症の<u>中核症状</u>の1つ。たとえば、今日は何日か、時間は何時か、季節はいつか、今いる場所はどこかなどがわからなくなる。

答5 ✕ 遂行機能障害とは、たとえば料理の手順など<u>計画を立てて実行</u>することができない。意欲が低下し何も行う気力がなくなるのは<u>アパシー</u>である。

答6 ◯ 出来事の<u>全体</u>を忘れてしまうため、忘れたことを自覚することもできない。

答7 ◯ 失行とは目的に沿った適切な行動がとれなくなることなので、目の前で<u>見本</u>を見せることで動作を<u>思い出す</u>ことがある。

答8 ✕ 見えているものを<u>否定</u>すると、さらに混乱してしまうので、相手の話を<u>受け止め</u>、不安を取り除く対応をする。

答9 ◯ 徘徊は今までに経験した何らかの理由や目的があるので、それを禁止すると、さらに精神的な不安感を<u>増大させる</u>。

答10 ✕ 興奮し攻撃的な行動をとるときは、訴えたい何かがあったり、孤独や不安感でどうしたらよいのかわからない苦しいときなので話を<u>聞い</u>たり<u>観察</u>したりする。

領域III　中核症状とBPSD、支援の方法

10 認知症の原因疾患（1）

問1
認知症の原因疾患の1位は血管性認知症である。

問2
アルツハイマー型認知症の場合、物忘れや遂行機能障害が起こる。

問3
アルツハイマー型認知症は男性に多く、血管性認知症は女性に多い。

問4
アルツハイマー型認知症の症状は急激に進行する。

問5
軽度認知障害（MCI）は、日常生活能力が低下している。

問6
血管性認知症の特徴として、人格変化がある。

問7
血管性認知症は、片麻痺や言語障害、感情失禁が生じやすい。

問8
複数回の脳卒中発作で発症した血管性認知症の症状は少しずつ確実に進行し続ける。

問9
若年性認知症とは、75歳未満で発症する認知症である。

問10
若年性認知症は高齢の認知症に比べて就労支援が必要となることが多い。

答1
✖

認知症の原因疾患の1位は<u>アルツハイマー型認知症</u>で、2位が<u>血管性認知症</u>である。

答2
◯

アルツハイマー型認知症は記憶を司る海馬（かいば）が萎縮（いしゅく）し、<u>記憶障害</u>という症状から起きる。また、旅行の計画が立てられない等の<u>遂行機能障害</u>も生じる。

答3
✖

アルツハイマー型認知症は<u>女性</u>に多く、血管性認知症は<u>男性</u>に多い。

答4
✖

アルツハイマー型認知症の進行は<u>緩（ゆる）やか</u>である。

答5
✖

軽度認知障害（MCI）は認知症の<u>前駆状態</u>であり、認知症ではなく、日常生活には支障は<u>ない</u>。

答6
✖

血管性認知症の症状には、人格変化は<u>ほとんど見られない</u>。

答7
◯

血管性認知症は、脳出血や脳梗塞（のうこうそく）といった<u>脳血管疾患</u>を原因疾患とするため、<u>片麻痺</u>や<u>言語障害</u>、感情の<u>不安定さ</u>が現れる。

答8
✖

症状は、発作のたびに<u>段階的</u>に進む。

答9
✖

若年性認知症は<u>65歳未満</u>で発症する認知症。男性に多く発症する。

答10
◯

働き盛りの年齢での発病で働けなくなったりするので、<u>経済的</u>にも<u>精神的</u>にも負担は<u>大きく</u>、就労支援が必要となることが多い。

11 認知症の原因疾患（2）

問1
若年性認知症の原因に、飲酒を原因とするものは含まれない。

問2
アルツハイマー型認知症の人は、今まで行ってきた社会のルールや常識的な行動がとれなくなる。

問3
レビー小体型認知症の症状には、幻視とパーキンソン症状がある。

問4
前頭側頭型認知症の人は、同じ動作を繰り返す常同行動が多く見られる。

問5
前頭側頭型認知症の特徴には、現実的で具体的な幻視とパーキンソン症状がある。

問6
前頭側頭型認知症の発症は、80歳以上の人に多い。

問7
老年期うつ病は、仮性認知症とも呼ばれる。

問8
老年期うつ病は、進行が早く、朝方は不調である。

問9
せん妄は薬剤によって生じることがある。

問10
せん妄は日中に多く見られる。

答1 ✗　若年性認知症の原因疾患の1つに、<u>アルコール依存症（いぞん）</u>がある。なお、原因疾患の1位は<u>アルツハイマー型認知症</u>、2位は血管性認知症である。

答2 ✗　社会のルールや常識が守れなくなり、まるで人格が変わったように奇妙な行動が目立つようになるのは<u>前頭側頭型認知症</u>。

答3 〇　レビー小体型認知症の特徴には、鮮明で具体的な<u>幻視</u>と、筋肉がこわばり歩きにくくなったり、表情が乏しくなる<u>パーキンソン症状</u>がある。

答4 〇　なお、<u>常同行動</u>とは毎日同じ時刻に同じ行動をする、買い物に行くと必ず同じ物を買う、毎日同じメニューの食事を作るなど<u>同じ動作を繰り返す</u>こと。

答5 ✗　幻視とパーキンソン症状が特徴の認知症は、<u>レビー小体型認知症</u>である。

答6 ✗　前頭側頭型認知症は、<u>40〜60</u>歳代での発症が多く、反社会的な症状への家族の困惑が大きい。

答7 〇　認知症の心理症状に、意欲低下、うつ状態、焦燥感といった<u>うつ病</u>に近い症状があるため、老年期うつ病と認知症の判別は<u>難しい</u>。

答8 〇　老年期うつ病の症状は、何らかのきっかけで<u>急速に</u>進行し、<u>朝方</u>に不調を訴え、身体不調や不安症状がある。

答9 〇　せん妄は、薬（抗パーキンソン病薬、抗不安薬、睡眠薬など）の服用で<u>起きたり</u>、体調（痛み、便秘（べんぴ）など）や<u>環境の変化</u>で生じたりすることがある。

答10 ✗　せん妄は1日の間に状態が変化（<u>日内変動</u>）し、特に<u>夜間</u>に多い。<u>夜間せん妄</u>と呼ばれる。環境の変化や不安によって起きやすい。

12 認知症ケア

問1 認知症の前段階である軽度認知障害（MCI）は、認知症予防対策を行うことで、進行を遅らせることができる。

問2 回想法はいろいろな人の思い出を共有することが快の刺激になるため、毎回、違う利用者、違う部屋、違うスタッフで行うと効果的である。

問3 ユマニチュードの技法のうち「触れる」とは、広い面積でゆっくりと触れることである。

問4 バリデーションは、日付、季節、天気、場所などを繰り返し伝え認識してもらう認知症ケアである。

問5 トム・キットウッドが提唱したパーソン・センタード・ケアは、まずはその人を保護し、家族から離す認知症ケアである。

問6 家族の負担をやわらげるため、家族が一時的に介護から離れることをレスパイトケアという。

問7 認知症の人は記憶障害により頼まれたことも忘れてしまうので、社会的な役割を持つよう促す援助は行わない。

問8 認知症の人は様々な出来事もすぐに忘れてしまうが、何らかの行事やイベントを通して嬉しい気持ちや楽しい時間を過ごしてもらうことが大切である。

問9 認知症の人に配慮した施設の生活環境では、私物は本人の見えないところに片づける。

問10 家族への支援で大切なことは、家族の思いを傾聴し、家族が行ってきた介護方法を尊重することである。

答1 ○
軽度認知障害（MCI）に回想法や音楽療法といった脳活性リハビリテーションを行うことは、症状の進行を遅らせるのに効果がある。

答2 ✕
安心した環境をつくり、回想に集中するためには同じ利用者、同じ部屋、同じスタッフで行う方が効果的である。

答3 ○
手のひらを優しく背中に添える等、広範囲にゆっくりと優しく触れることが大切である。

答4 ✕
バリデーションは感情に働きかけ、自尊心を取り戻し、心理的安定を図る療法。設問はリアリティ・オリエンテーションの説明である。

答5 ✕
パーソン・センタード・ケアは、認知症の状態にある一人ひとりを尊重し、その人らしさを支えるために、くつろぎや自由を重視した認知症ケア。

答6 ○
レスパイトとは休息という意味。家族が休息できる時間をつくるために、訪問介護、通所介護、短期入所生活介護などで、レスパイトケアを行う。

答7 ✕
過去の経験によって、できることとできないことに個人差がある。生きがいやその人らしさを保つためには何らかの役割を担うための援助は必要。

答8 ○
すぐに忘れてしまったとしても、その時の楽しさ、喜び、うれしい気持ちは大切であるので、様々な行事を企画することは大切。

答9 ✕
認知症の人は環境が変わることで不安が増強し混乱してしまうので、家で使っていた慣れ親しんだ物を見える所に置くことで精神的にも落ち着く。

答10 ○
家族の不安や精神的苦痛、身体的苦痛を取り除くことが大切なため、家族の気持ちやこれまで頑張ってきたことを認めていくことが重要。

13 認知症の検査・対策

問1

質問形式の MMSE は、30 点満点中 23 点以下で認知症が疑われる。

問2

FAST は、血管性認知症の観察式重症度評価スケールである。

問3

軽度認知障害（MCI）は、CDR のスコアが 2 である。

問4

認知症初期集中支援チームのチーム員には医師が含まれる。

問5

ステップアップ講座を受講した認知症サポーターには、チームオレンジへの参加が期待されている。

問6

認知症地域支援推進員は、都道府県や政令指定都市の指定する病院で働く。

問7

認知症カフェとは、認知症の人だけが気軽に集まり利用できる場所である。

問8

抗認知症薬の副作用には、食欲不振や下痢（げり）などがある。

問9

認知症の行動・心理症状（BPSD）に対する抗精神薬の副作用として、誤嚥（ごえん）のリスクが高くなる。

問10

慢性硬膜下血腫の診断に有用な検査は、脳血流検査である。

答1 ○
<u>MMSE</u> は、質問形式の認知症検査である。質問は年齢、見当識、記憶、計算、図形の模写など11項目。

答2 ✕
FAST は<u>アルツハイマー型認知症</u>の重症度評価スケールで、<u>7段階</u>の症状ステージを示す。

答3 ✕
CDR（Clinical Dementia Rating）は認知機能や生活状況を総合評価する。軽度認知障害（MCI）は CDR<u>0.5</u> である。

答4 ○
認知症初期集中支援チームのチーム員は、<u>医療系専門職</u>、<u>福祉系専門職</u>と認知症サポート医などの資格を満たした<u>専門医</u>で構成する。

答5 ○
<u>認知症サポーター</u>は、認知症に関する基本的な知識を持ち、地域の中で認知症とその家族を見守り支援する<u>民間</u>のサポーターで、ステップアップ講座を受講し、チームオレンジに参加することが望まれる。

答6 ✕
<u>認知症地域支援推進員</u>は、<u>市町村本庁</u>や<u>地域包括支援センター</u>に配置され、地域の支援機関をつなぐコーディネーターの役割を持つ。

答7 ✕
<u>認知症カフェ</u>は、認知症の人と家族、地域住民、専門職など、<u>誰でも</u>集うことができる場所である。

答8 ○
抗認知症薬であるドネペジル（アリセプト®）の副作用には食欲不振、悪心、下痢などの<u>消化器症状</u>があり、メマンチン（メマリー®）の副作用には<u>めまい</u>がある。

答9 ○
幻覚・妄想、易怒性、過活動などが軽減するが、副作用としてパーキンソン症候群を生じることがあり、<u>転倒</u>や<u>誤嚥</u>のリスクが高まる。

答10 ✕
慢性硬膜下血腫は、<u>頭部 CT</u> 等による検査・診断の後、血腫量に応じて<u>外科的治療</u>が行われる。

14 障害の理解（1）

問1
ICF（国際生活機能分類）は社会（生活）モデルにのみ基づいている。

問2
ICF の概念では、生活機能や背景因子はお互いに相互作用関係にある。

問3
ICF によると、左片麻痺があっても杖を使い歩くことができるのは「参加」である。

問4
ICF によると、右片麻痺があっても車いすを操作し、クラシック鑑賞会場に入場できるのは、「参加」である。

問5
ノーマライゼーションとは障害がある人の生活を優先的に支援することである。

問6
ヴォルフェンスベルガーはノーマライゼーションの考え方を発展させ、障害がある人の社会的役割の実現を目指すべきだとした。

問7
ソーシャルインクルージョンとは、障害者も障害のない人も一緒に生活し、統合するという考え方である。

問8
リハビリテーションとは、障害のある人がよりよい人生を送るための機能訓練のみを指す。

問9
障害を理由とする差別の解消の推進に関する法律（障害者差別解消法）では、不当な差別的取り扱いの禁止を明記している。

問10
ストレングスモデルとは、障害者の意見を代わりに主張していく活動のことである。

答1 ✗ ICFの特徴は、医学モデルと社会(生活)モデルの統合。ICFでいう生活機能は、「心身機能・身体構造」「活動」「参加」の3つの次元。

答2 ○ ICFでは、心身機能・身体構造、活動、参加といった生活機能や、環境因子や個人因子といった背景因子とが双方向的に相互作用関係にある。

答3 ✗ 歩くことができるのはADL(日常生活動作)を、杖という福祉用具によって遂行できているので、「活動」である。

答4 ○ 「参加」とは、家族内の役割や社会参加、趣味活動への参加など、広い範囲のものが含まれるので、クラシック鑑賞会場へ行くのは「参加」である。

答5 ✗ ノーマライゼーションとは、たとえ障害があろうとも一般市民と変わりない当たり前の生活を送れる社会の実現を目指す考え方。

答6 ○ アメリカのヴォルフェンスベルガーは、知的障害者を社会から逸脱した存在と捉えることを問題視し、ソーシャルロール・バロリゼーションを提唱した。

答7 ✗ ソーシャルインクルージョンとは、すべての人を社会の一員として包み込み、共に支え合うという考え方。統合するのはインテグレーション。

答8 ✗ リハビリテーションとは全人間的復権を目指しており、機能訓練だけを指さない。医学的・社会的・教育的・職業的リハビリテーションがある。

答9 ○ 不当な差別的取り扱いの禁止は行政機関・民間事業者すべてが対象となっている。

答10 ✗ ストレングスモデルとは、それぞれの障害者が持っている強み、できることに着目して支援する方法である。

領域Ⅲ 障害の理解(1)

15 障害の理解（2）

問1 関節リウマチの人は、関節が動きにくく転倒の危険性が高いので、便座を低くする。

問2 関節リウマチの症状の特徴に、朝のこわばりがある。

問3 関節リウマチの人への支援では、関節や筋の拘縮（こうしゅく）を防ぐために強制的に負荷をかけて関節を動かす訓練を行うことで症状の改善を目指す。

問4 職場適応援助者（ジョブコーチ）は、障害がある人の就労や継続を支援する。

問5 高次脳機能障害は記憶障害を起こす病気であり、感情のコントロールはできるので人間関係が難しくなることはない。

問6 高次脳機能障害の中の注意障害とは、集中力が続かず、2つのことを同時に行えないことである。

問7 高次脳機能障害のある人への支援は、自尊心を傷つけないことが大切なので、いちいちメモを渡したり、絵や図を活用することはしない。

問8 脳血管障害は片麻痺（かたまひ）、腰髄損傷は四肢麻痺、頸髄損傷（けいずいそんしょう）は両下肢（りょうかし）の対麻痺が起こる。

問9 頸髄（C7）損傷は、プッシュアップが可能な最上位のレベルである。

問10 障害の受容過程では、混乱期、否認期、ショック期、努力期、受容期と進む。

答1 ✖

便座が低いと立ち上がるときに膝に負担がかかるので、補高便座を乗せて高くする。

答2 ○

関節リウマチの症状には、関節の痛み、腫れ、変形、可動域制限があり、特徴的な症状として、朝のこわばりがある。

答3 ✖

関節リウマチは関節の保護（負担をかけない）が重要なので、関節を無理には動かさないようにする。

答4 ○

職場適応援助者（ジョブコーチ）は、職場に出向いて本人や周囲の人たちを支援し、職場環境を整えていく。

答5 ✖

高次脳機能障害は記憶障害も起こすが、社会的行動障害として感情や欲求のコントロールができなくなり人間関係が難しくなる。

答6 ○

高次脳機能障害は脳の病気や損傷により、注意力などが障害される。

答7 ✖

自尊心を傷つけないことは重要であるが、症状を理解し、わかりやすく伝えるためにもメモ、絵、図などを活用し、見守ることが大切。

答8 ✖

脳血管障害は左右どちらかの片麻痺。脊髄損傷は損傷部位より下の神経が麻痺するので、腰髄損傷は両下肢の対麻痺、頸髄損傷は四肢麻痺が起こる。

答9 ○

脊髄が損傷すると損傷部位より下位の神経感覚や運動機能が失われる。頸髄（C7）損傷では、肘を伸ばすこと（プッシュアップ）が可能である。

答10 ✖

ショック期（動揺する）、否認期（きっと違うと否定する）、混乱期（事実とわかりパニック）、努力期（受け止めようと努力）、受容期へと進む。

領域Ⅲ 障害の理解 ②

16 障害の理解（3）

問1

高齢者のうつ病は若年者と比べ、身体不調を訴え抑うつ気分が軽い。

問2

統合失調症の陰性症状には、幻覚や妄想がある。

問3

自閉症スペクトラム障害は、コミュニケーションや社会性に障害が見られる。

問4

自閉症スペクトラム障害のある人はこだわりが強く、状況が変化することに不安を感じやすい。

問5

学習障害（LD）では、読む、書くといった全般的な知的発達に遅れが見られる。

問6

注意欠陥多動性障害（ADHD）の特徴は、学習障害と多動性という2つの症状が特徴的である。

問7

脳性麻痺には、痙直型やアテトーゼ（不随意運動）型などがある。

問8

パーキンソン病の症状には、筋肉の弛緩、動作を行うときの振戦がある。

問9

パーキンソン病の症状で、立位で重心が傾き、バランスが悪くなるのは、姿勢保持障害によるものである。

問10

パーキンソン病の症状として、大股な歩行がある。